www.ingramcontent.com/pod-product-compliance
Lightning Source LLC
LaVergne TN
LVHW010839051026
849532LV00007B/2751
9789369088751

ضرورت ایک مکان کی

(مزاحیہ مضامین)

وجاہت علی سندیلوی

Zaroorat aik Makaan ki *(Humorous Essays)*
by: Wajahat Ali Sandelvi
Edition: September '2025
Publisher :
Taemeer Publications LLC (Michigan, USA / Hyderabad, India)

ISBN 978-93-6908-875-1
9 789369 088751

کتاب	:	**ضرورت ایک مکان کی** (مزاحیہ مضامین)
مصنف	:	**وجاہت علی سندیلوی**
صنف	:	طنز و مزاح
ناشر	:	تعمیر پبلی کیشنز (حیدرآباد، انڈیا)
سالِ اشاعت	:	۲۰۲۵ء
صفحات	:	۹۶
سرورق ڈیزائن	:	تعمیر ویب ڈیزائن

فہرست

انتساب

اُن باہمت ساتھیوں کے نام

جو زندگی کی جاں گسل کشمکش کے درمیان بھی

خود زندگی پر ہنسنے اور اس کا مذاق اُڑانے

سے نہیں چوکتے !

جو زندگی کی بے انتہا محرومیوں اور تلخیوں کے باوجود!

جینے کا حوصلہ رکھتے ہیں۔

نہ صرف اپنے لئے

بلکہ دوسروں کے لئے بھی۔

اور جن کی زندہ دلی موت تک کے بڑھتے ہوئے سایوں میں بھی

ناقابلِ تسخیر ہوتی ہے !

غالب کے شریک غالب

ادھر کئی مہینوں سے مکان کی تلاش میں شہر کے بہت سے حصّوں اور گوشوں کی خاک چھاننے اور کئی محلّوں کی آب و ہوا کو نمونے کے طور پر چکھنے کا اتفاق ہوا تو پتہ چلا کہ جس طرح ہر گلی کے لیے کم سے کم ایک کم تول پنساری، ایک گھر کا شیر کتا، ایک لڑاکا ساس، ایک بدزبان بہو، ایک نصیحت کرنے والے بزرگ، ایک نصیحت پی جانے والا رند، اور ماں باپ کی شامت اعمال کی صورت میں بہت سے بچوں کا ہونا لازمی ہے، اُسی طرح کسی نہ کسی بھیس میں ایک ماہر غالبیات کا ہونا بھی یقینی ہوتا ہے اور بغیر اس کے گرد و پیش کا جغرافیہ کچھ ادھورا سا رہ جاتا ہے۔

اچھا بھلا ایک مکان مل گیا تھا لیکن ابھی اس میں منجملہ اسباب ویرانی، میرا لپٹا ہوا بستر بھی ٹھیک سے کھلنے نہ پایا تھا کہ محلّے کے ماہر غالبیات نے نہیں معلوم کیسے سونگھ لیا کہ میں سخن فہم نہ سہی غالب کا طرفدار ضرور ہوں اور مجھے اپنی غالبانہ گرفت میں ایک 'صید زبوں' کی طرح جکڑ لیا۔ آتے ہی آتے انہوں نے غالب کے متعلق دو چار حیرت انگیز انکشافات کے بعد مجھے پھانسنے کے لئے ایک آدھ ہلکا پھلکا سوال کر دیا۔ اب میری حماقت ملاحظہ ہو — کہ دل ہی دل میں اپنے آپ کو بہت بڑا

غالب فہم سمجھتا ہے۔ میں نے ان کو نرم چارہ سمجھ کر اُن پر دو چار منہ مار دیئے یا یوں سمجھ لیجیے کہ ان کی دُم پر پیر رکھ دیا یعنی ان کے سامنے غالب کو اپنے مخصوص زاویۂ نگاہ سے پیش کرنے کی سعی لاحاصل کر بیٹھا۔ مجھے کیا خبر تھی کہ میں کسی بارود کے خزانے کے قریب دیاسلائی جلانے کی کوشش کر رہا ہوں؟ پھر کیا تھا "آپ غالب کو غلط سمجھے ہیں" چیخ کر ماہر غالبیات پھٹ ہی تو پڑے مجھ پر! اور میری معلومات میں اضافہ کرنے کے لئے فنِ غالبیات کی ایسی ایسی توپوں اور آتش فشانوں کے دہانے کھول دیئے کہ میں سراسیمہ، مبہوت اور ششدر ہو کر ہمیشہ کے لئے عہد کر بیٹھا کہ آئندہ کسی اجنبی بزرگ کے سامنے حضرت غالب کا نام اپنی زبانِ بے لگام سے ہرگز ہرگز نکلنے نہ دوں گا۔

دوسرے ہی دن سے ماہر غالبیات نے "آپ غالب کو غلط سمجھے ہیں" کے عنوان سے میری باقاعدہ تعلیم شروع کر دی۔ سویرے میں بستر ہی پر ہوتا کہ وہ "لذتِ خوابِ سحر" پر دھاوا بولتے آ پہونچتے اور پہلے غالب کے کچھ انتہائی سنگلاخ اشعار پڑھ کر ان کے معنی مجھ سے پوچھتے گویا میرا آموختہ سنتے اور پھر قبل اس کے کہ میں ایک لفظ بھی اپنی زبان سے نکال پاؤں وہ "آپ غالب کو غلط سمجھے ہیں" فرما کر ان کے معنی و مطالب خود بیان کرنا شروع کر دیتے اور پھر اپنی "گل افشانیٔ گفتار" سے جدت آفرینی، حسنِ تخیل، لطفِ بیان، شکوہ الفاظ، بلند پروازی، ندرتِ کلام بلکہ پھانس کو بانس اور رائی کو پہاڑ بنانے کے ایسے ایسے "گل کترتے" کہ میرے لئے "صاعقہ و شعلہ و سیماب" کا عالم ہو جاتا اور وہ خود اس شعر کی مجسم تفسیر بن کر رہ جاتے ؎

آگہی دامِ شنیدن جس قدر چاہے بچھائے / مدعا عنقا ہے اپنے عالمِ تقریر کا

اور پھر نوبت یہاں تک پہونچی کہ میں داڑھی بنا رہا ہوں اور وہ غالب کا فلسفۂ حسن سمجھا رہے ہیں۔ میں کنگھا کر رہا ہوں اور وہ آرائشِ جمال سے فارغ نہیں

ہنوز میں مسئلۂ ارتقاء کو پروان چڑھتے دیکھ رہے ہیں۔ میں کپڑے بدل رہا ہوں اور وہ "ہیولیٰ برقِ خرمن کا ہے خونِ گرم دہقاں کا" پڑھ پڑھ کر اور گا گا کے انقلاب زندہ باد کا نعرہ لگا لگا کر غالب کو ہندوستان کا سب سے پہلا انقلابی شاعر ثابت کر رہے ہیں۔ میں جوتے کی ڈوریاں باندھ رہا ہوں اور وہ 'بنیں گے اور ستارے اب آسماں کے لئے' والے مصرع سے فضائے آسمانی پر اسپٹنک چھوڑ رہے ہیں۔ میں ناشتہ کر رہا ہوں اور وہ "یہ ہے بیگس کی تے نہیں ہے" دُہرا دُہرا کر غالب کے علم الغذا پر کچھ اس انداز سے روشنی ڈال رہے ہیں کہ میرے منھ کا نوالہ حلق میں جانے سے انکار کر بیٹھتا ہے۔ میں دفتر جانے کے لئے سائیکل نکال رہا ہوں اور وہ غالب کا فلسفۂ عمرانیات بیان کر رہے ہیں۔ میں سائیکل پر بیٹھ چکا ہوں اور وہ شام کو دفتر سے میری واپسی پر غالب اور ضبطِ تولید کے موضوع پر اپنے تازہ ترین الہامات کو مجھ پر نازل کرنے کی دھمکیاں دے رہے ہیں۔

شام کو ظہور پذیر ہوتے تو غالب اور دوسرے شعراء کا موازنہ شروع کر دیتے اور غالب کے منہ لگنے والے دیگر تمام شعراء کو قابلِ گردن زدنی قرار دے کر بھی جب تسلّی نہ ہوتی تو غالب کے مختلف شارحین کا پہلے سرکس پھر کشتی شروع کرا دیتے اور کافی دھر پٹخ کے بعد جب ہر شارح کافی پست ہو چکتا تو خود بھی اکھاڑے میں کود پڑتے اور فرداً فرداً ہر شارح کو پچھاڑتے اور پھر ہر شعر کے متعلق اپنی ایک انوکھی، اچھوتی اور عجوبۂ روزگار شرح کا آغاز کر دیتے جس کا انجام غالباً اس وقت تک نہ ہوتا جب تک میں اپنے ہوش و حواس کی قید و بند سے نجات پا کر وہاں نہ پہونچ جاتا جہاں سے خود مجھ کو میری خبر نہ آتی یعنی بالکل ہی بے سدھ ہو کر اپنے بستر پر گر نہ جاتا۔

میں اکثر خواب میں دیکھتا کہ حضرت غالب اپنا دیوان بغل میں دبائے بے تحاشہ چیختے ہوئے بھاگ رہے ہیں "بچاؤ! بچاؤ! مجھے میرے شارحین اور ماہرین سے

بچاؤ" اور ان کے پیچھے شارحین، ماہرین اور پرستاروں کا ایک غول بیابانی ان کا تعاقب کر رہا ہے جس کی قیادت ایک ڈنڈا لئے میرے محلے کے ماہر غالبیات کر رہے ہیں اور اپنے ساتھ مجھے بھی ایک زنجیر میں باندھے گھسیٹ رہے ہیں۔

کئی دفعہ تکلف برطرف کر کے ان کی منّت سماجت کی، ہاتھ جوڑے، داڑھی میں ہاتھ دیا، کان پکڑ کر اٹھا بیٹھا اور حرفِ مطلب یوں زبان پر لایا کہ اے ماہر غالبیات آپ کو آپ کے حضرت غالب مبارک! مجھ مغلوب کو میرے ہی حال پر چھوڑ دیجئے تو آپ کی غالبیت میں کون سا بٹہ لگ جائے گا؟ میں ایک گدائے بے نوا ہوں، احمق، جاہل اور ہیچمدان ہوں۔ میرے جیسے ذرۂ ناچیز کو غالب جیسے آفتابِ عالم تاب سے کیا نسبت؟ میں حضرت غالب کا صرف اس قدر گنہگار ہوں کہ عالمِ طفولیت میں ایک مولوی صاحب نے اسکول میں کورس کی کتاب سے ان کی چند غزلیں زبردستی پڑھا دی تھیں۔ اس کے علاوہ مجھ سے قسم لے لیجئے جو میں نے انھیں ہاتھ بھی لگایا ہو اور ہاتھ لگاتا بھی خاک۔ ہاتھ آئیں تو ہاتھ لگائے نہ بنے! غالب کو میں کیا میری سات پشتیں بھی نہیں سمجھ سکتیں۔ میں نہ انھیں سمجھا ہوں نہ سمجھنے کی اہلیت رکھتا ہوں۔ آپ بے کار میرے ہوش و حواس پر چاند ماری کو یا بنجر زمین میں تخم ریزی اور آبیاری کرتے ہیں۔ نتیجہ اس کا یہ ہوگا کہ میں پاگل ہو جاؤں گا اور میرے بیوی اور بچے آپ کو اور مرزا غالب کو کوستے پھریں گے۔

لیکن ماہر غالبیات بھلا کب ماننے والے تھے؟ میرے اظہار بے چارگی سے ان کی ہمہ دانی میں اور بھی چار چاند لگ جاتے اور فخر و تمکنت سے ان کے گلے کی رگیں پہلے سے بھی زیادہ پھولنے لگتیں "ہوگا کوئی ایسا بھی جو غالب کو نہ جانے؟ دے اور دل ان کو جو نہ دے مجھ کو زبان اور! آپ غالب کو غلط سمجھے ہیں! اے در لغا و در ندِ شاہد باز!" اور یہ فرمانے کے بعد وہ غالب کے متعلق اپنی تحقیق اور

دریافت کی گولہ باری مجھ پر کچھ اور تیز کر دیتے۔ مجھے کبھی اگر اونگھتا یا حواس باختہ دیکھتے تو چوکنا کرنے کے لئے مجھ پر دو چار انتہائی زلزلہ خیز سوالات داغ دیتے۔ "غالب کے نظریۂ فلکیات کے متعلق آپ کا کیا خیال ہے اور اس کے ماتحت 'مہِ نخشب' کے ساتھ 'دستِ قضا نے کیا برتاؤ کیا تھا؟" "غالب نے قدرتی مناظر سے جو نفسیاتی موشگافیاں کی ہیں اس سے ان کے تحت الشعور کی کس الجھن کا پتہ چلتا ہے؟" "غالب کے سماجی شعور میں سیاسی اور اقتصادی بلوغیت کب اور کیسے پیدا ہوئی؟" وغیرہ وغیرہ میں بھلا ان سوالات کا جواب کیا دیتا؟ مجبوراً ماہر غالبیات کی طمانیتِ قلب کے لئے آنکھیں پھاڑ کر منہ کھول دیتا اور ان کی خواہش کے مطابق انھیں اپنے حیرت زدہ ہونے کا پورا پورا یقین دلا دیتا لیکن دل ہی دل میں سوچتا کہ اگر میں اپنی سماجی بلوغیت کو کام میں لاتے ہوئے اپنا وزنی قلمدان ماہر غالبیات کے تحت الشعور پر پوری قوت سے کھینچ دوں تو ان پر فلکیات کے بہت سے طبق روشن ہو جائیں گے۔

بس کیا عرض کیا جائے کہ کس طرح عاجز اور پریشان کر رکھا تھا ماہر غالبیات نے؟ ان سے جان چھڑانے کے لئے بیسیوں ترکیبیں کیں۔ محلے کے بااثر لوگوں کا دباؤ ڈلوایا۔ گمنام خطوط لکھے۔ ایک انسپکٹر پولیس سے ان کے خلاف کوئی فرضی مقدمہ چلا دینے کی فرمائش کی۔ بیماری کا ڈھونگ بنایا۔ بہرے بنے (تو التفات دونا ہو گیا) دوستوں کے گھر جا کر پناہ لی۔ گھر کے دروازے بند کرائے۔ نوکر کو ہدایت کی کہ "ہر چند کہیں کہ ہے نہیں ہے!" لیکن ابھی توبہ کیجئے —— اہل تدبیر کی واماندگیاں! ماہر غالبیات مجھے نہ پاتے تو گھنٹوں غالب کا کوئی شعر اور اس سے متعلق ایک نئی داستانِ ہوش ربا اپنے اوپر طاری کئے ہوئے میرے دروازے کے سامنے گلی میں ٹہلا کرتے اور جب تک مجھے گھر جاتے یا گھر سے نکلتے گرفتار کر کے مجھ پر یہ شعر صادق نہ کر دیتے دم ہی نہ لیتے ؎

بھاگے تھے ہم بہت سو اسی کی سزا ہے یہ ہو کر اسیر دابتے ہیں راہزن کے پاؤں

ان حالات میں اسے چاہے میری بدذوقی کہئے چاہے اقدامِ قتل سے گریز
کہ جیسے ہی مجھے ایک دوسرا مکان ملا جو اگرچہ میرے پہلے مکان کا صرف نصف بہتر
معلوم ہوتا میں رسیاں تڑا کر بھاگا۔ ماہر غالبیات سے میں نے کہہ دیا کہ میں شہر کیا صوبہ
چھوڑ رہا ہوں اور وہ مجھے آبدیدہ ہو کر رخصت کرنے آئے تو بڑے رقت انگیز لہجے
میں فرمایا "آپ غالب کو غلط سمجھے ہیں" اور اگر میں "شرم تم کو مگر نہیں آتی" نہ چیختا
اور غلطی سے تانگے والا اس کا مخاطب اپنے آپ کو سمجھ کر فوراً تانگہ ہانک نہ دیتا تو یقیناً
ماہر غالبیات مجھے ایک فی البدیہہ الوداعی ٹھمری دئیے بغیر ہرگز نہ مانتے!
تانگے کے تعاقب میں ماہر غالبیات کچھ اس قسم کی حماقتیں چیخ چیخ کر گاتے رہے۔
"اُٹھ گئی دنیا سے راہ و رسم یاری ہائے ہائے۔ اے عندلیب چل کہ چلے دن بہار کے۔
کیا تیرا بگڑتا جو نہ مرتا کوئی دن اور" میں اپنی آزادی پر مسرور، مژدہ اے مرغ کہ گلزار
میں صیاد نہیں، گنگناتا اپنا تانگہ بھگواتا رہا۔

مکان تبدیل کرنے کے سلسلے میں اپنا ایک مکان سے انتہائی بدحواسی اور سراسیمگی
سے باندھا ہوا سامان جب دوسرے مکان میں کھولا جاتا ہے تو کہیں سے لوٹ کر
لائے ہوئے مالِ غنیمت کا لطف آجاتا ہے اور اس میں سے ایسے ایسے حیرت انگیز
انکشافات نمودار ہونے لگتے ہیں کہ ناطقہ سر بگریباں ہو کر رہ جاتا ہے۔ میرا وہ آئینہ
جس کو میں نے یقیناً کسی بہت محفوظ جگہ بڑی احتیاط سے چھپا دیا تھا کہ سند رہے
اور وقت ضرورت کام آئے۔ ان تھک تلاش اور جستجو کے بعد بھی ہاتھ نہیں لگتا ہے
لیکن سنگار کا وہ جوتا جس کے متعلق یقینِ کامل تھا کہ دو مہینے ہوئے کھو چکا ہے چنانچہ
اس کے جوڑی دار کو میں نے چلتے چلاتے ماہر غالبیات کے مکان کی طرف اچھال دیا تھا۔
ایک ڈبے سے بے ساختہ نکل پڑتا ہے۔ میں اپنے سامان سے کشتی لڑ لڑا کر اسی قسم کے
حوادث سے دوچار تھا کہ دفعتاً کسی نے باہر کا دروازہ کھڑ کھڑانا شروع کر دیا۔ مجھے

اس وقت سچ پوچھئے تو ملک الموت سے بھی ملنے کی فرصت نہ تھی لیکن طوعاً و کرہاً لاحول پڑھتا ہوا لپکا اور دروازہ کھول دیا۔

داڑھی بڑھائے اور صرف بنیائن اور تہمد پہنے ایک بزرگ نمودار ہوئے اور بڑی بے تکلفی سے "سلام علیکم" کہتے ہوئے بیٹھکے میں داخل ہو کر ایک کرسی گھسیٹی اور اس پر اکڑ دوں بیٹھ گئے اور کچھ جھوم کر یہ شعر پڑھا ؎

"ہم بیکار میں اور کھلے یوں کون جائے؟ یار کا دروازہ پائیں گر کھلا!"

مجھے مجبوراً "وعلیکم السلام" کہہ کر ایک مونڈھے پر پناہ لینی پڑی۔

"اس مکان کے نئے کرائے دار آپ ہی ہیں؟ ع

کوئی ویرانی سی ویرانی ہے ہ مطلب یہ کہ ع "آوے نہ کیوں پسند کہ ٹھنڈا مکان ہے!"

مرزا غالب کا "ا بڑ توڑ کلام سننے کے بعد غصے یا مستقبل کے خوف سے میرے کان خود بخود ملنے لگے اور بڑی مشکل سے میرے منہ سے فقط ایک "جی" نکل سکی۔

"ابھی ابھی مرزا کبن صاحب سے معلوم ہوا کہ یہاں تشریف لانے سے قبل آپ دہلی میں رہتے تھے ع

کیوں نہ دلّی میں ہر اک ناچیز نوابی کرے"

"جی ہاں دو تین لمحہ دلّی بھی رہا ہوں۔ کیا میرے خلاف خفیہ پولیس کی کوئی تحقیقات آپ کے سپرد ہوئی ہے؟"

مسکرا کر چیخ اُٹھے ؎

"ہے ہے خدا نخواستہ وہ اور دشمنی اے شوق منفعل یہ تجھے کیا خیال ہے"

میں نے ہمت کر کے دبی زبان سے عرض کیا۔ "آپ نے ابھی تک مجھے خود اپنے آپ سے متعارف ہونے کا شرف نہیں بخشا"۔

اپنے سر کے بال نوچتے ہوئے بولے۔

"پوچھتے ہیں وہ کہ غالب کون ہے — کوئی بتلاؤ کہ ہم بتلائیں کیا ؟"

اب میری بدحواسی مکمل ہو چکی تھی۔ "جی - آپ ؟ حضرت غالب !"

"جی ہاں حضرت غالب ! ع ہم پیشہ و ہم مشرب و ہم راز ہے میرا۔

میں اس وقت صرف یہ پوچھنے حاضر ہوا تھا کہ آپ دہلی میں رہتے ہیں تو شہنشاہِ اقلیم سخن حضرت غالب سے تو ضرور ہی واقف ہوں گے ۔"

مجھے جھرجھری سی محسوس ہونے لگی اور میں نے بڑی بے اعتنائی سے جواب دیا۔

"جی ہاں سنا ہے کہ اس نام کے ایک بزرگ کا مزار دہلی میں ہے ۔"

اپنا سر پیٹتے ہوئے بولے "معاف کیجئے گا آپ نے بھی بے رحمی کی حد کر دی ! سنا ہے کہ اس نام کے ایک بزرگ کا مزار دہلی میں ہے ! ع

جلوۂ گل کے سوا گرد اپنے مدفن میں نہیں

اجی آپ کو یہ کبھی توفیق نہیں ہوئی کہ آپ خود اس بارگاہِ فلک منزلت پر ع

رتبہ میں مہر و ماہ سے کمتر نہیں ہوں میں

سرِ عقیدت خم کر کے کم سے کم شرفِ قدم بوسی تو حاصل ہی کر لیتے وہی شل بارہ برس دہلی میں رہے اور ع سر جائے یا رہے نہ رہیں پر کہے بغیر، بھاڑ ہی جھونکتے رہے ؟"

میں نے بھی کچھ اس جھلاہٹ سے جواب دیا جیسے اگر میرا بس چلتا تو غالب کو ان کی خواہش کے مطابق 'غرق دریا' ہو جانے دیتا اور کچھ نہیں تو دہلی میں ان کا مزار ہرگز بننے نہ دیتا۔ "میں مزار پر حاضر بھی ہوتا تو مرحوم قبر کے اندر تھے نہ کہ اوپر، میں شرف قدم بوسی کیسے حاصل کر پاتا ؟"

کلیجہ پکڑ کے بولے "ہے ہے ! ؎

رکھتا ہے ضد سے کھینچ کر باہر لگن کے پاؤں — تن سے سوا فگار ہیں اس خستہ تن کے پاؤں

اجی آپ کو کیا خبر ؎

بس از مردن بھی دیوانہ زیارت گاہِ طفلاں ہے
شرارِ سنگ نے تربت پہ میری گل فشانی کی!"

میں خاموش رہا۔ چند لمحوں کی خاموشی کے بعد پھر گویا ہوئے "کم سے کم از راہِ تعزیت آپ کو مرحوم کے بیوی بچوں کے پاس تو چلا ہی جانا چاہیے تھا ع

بچوں کا بھی دیکھا نہ تماشا کوئی دن اور"

"اب کسی روز آپ کو ساتھ لے کر چلا جاؤں گا۔"

میرے جواب کو سُنا ان سنا کر کے اچانک بڑبڑائے، اور میری کتابوں کے گٹھر پر جو ابھی میز پر بڑی بے ترتیبی سے رکھا ہوا تھا جھپٹے اور سب سے اوپر کی کتاب جو اتفاق سے دیوانِ غالب تھا اُٹھا کر "جوشِ بہار جلوہ" بنتے ہوئے بولے "یہ صحیفہ آپ کو کہاں سے دستیاب ہوا؟ ع یادگارِ نالہ اک دیوانِ بے شیرازہ تھا۔ مدت کے بعد آج ایک مسلّم دیوانِ غالب ہاتھ آیا ہے جو کسی طرح بھی مجھے مرغِ مسلّم سے کم عزیز نہیں ع

کہتے ہیں کہ غالب کا ہے اندازِ بیاں اور

بازار سے"

"بازار سے؟" ع اور بازار سے لے آئے اگر ٹوٹ گیا! کیا بازار میں اس قسم کا بھی کلام بکتا ہے؟ خدا جھوٹ نہ بلوائے تو سترہ اٹھارہ سال ہوئے میرے پاس بھی ایک مسلّم دیوانِ غالب تھا جو میرے ایک رشتے کے نانا میرے گھر پر بھول گئے تھے ع کبھی فتراک میں تیرے کوئی نخچیر بھی تھا۔ لیکن خوش قسمتی سے ایک روز برخوردار جمن کی والدہ جو آگ جلانے بیٹھیں ع

کہ لگائے نہ لگے اور بجھائے نہ بنے۔ تو اس صحیفۂ زریں کو کچھ اس طرح پھاڑا کہ بس ع دل سے تری نگاہ جگر تک اتر گئی ــ یعنی دیوان کا قریب قریب ہر مصرع اولیٰ اپنے

مصرع ثانی سے جدا ہو گیا۔ وہ تو کہئے کہ بر وقت میری نظر پڑ گئی ورنہ ؎
آگ اس گھر میں لگی ایسی کہ جو تھا جل گیا۔ کا مضمون درپیش آجاتا۔ کیوں صاحب!
یہ لفظ خوش قسمتی پر آپ چونکے کیوں؟ جی ہاں ؎ اس میں کچھ شائبۂ خوبی تقدیر بھی تھا"
میں نے اپنا پیٹ پکڑتے اور منہ بناتے ہوئے عرض کیا" اس وقت پیٹ میں
کچھ درد ہو رہا ہے۔ اگر یہ گفتگو آپ کسی دوسرے وقت کے لئے ملتوی کر دیں ...."
نادر شاہی حکم دیا ؎

"درد منت کش دوا نہ ہوا   میں نہ اچھا ہوا برا نہ ہوا

جی ہاں تو میں عرض کر رہا تھا کہ اب جو والدہ محترمہ مطلب یہ کہ جمن کی والدہ محترمہ ان اوراق پریشاں کو جو کسی عاشق کا گریباں ہو چکے تھے جوڑنے بیٹھیں تو ان کو کچھ ایسا جوڑ دیا کہ فن غالبیات میں ایک نئے دور کا آغاز بلکہ اضافہ ہو گیا! اور جمن ناچیز اپنی عمر عزیز کے بارہ سال صرف کر چکا ہے اور اب بہت جلد دیوانِ غالب حسبِ ترتیب بالغ منظرِ عام پر جلوہ افروز ہو کر مشتاقانِ غالب اور قدر شناسانِ بالغ کے لئے جنت نگاہ اور فردوسِ گوش بننے والا ہے۔ بعض مصرعوں کی تھوڑی سی الٹ پلٹ سے کلام کی لطافت، ظرافت اور صداقت نہیں معلوم کہاں سے پہونچ گئی ہے۔ اور یقیناً اب مرزا غالب کو یہ فرمانے کا ؎
نہ سہی گر مرے اشعار میں معنی نہ سہی — کوئی حق باقی نہیں رہتا ہے۔ کاش کہ وہ خود اس کو دیکھتے تو عش عش کر کے کفِ افسوس ملتے کہ ہائے خود مجھے یہ کیوں نہ سوجھی اور بلا امداد بالغ میں نے یہ پہیلی کیوں نہ بوجھی"
سلسلۂ کلام بیک طرفہ کو جاری رکھتے ہوئے فرمایا "نمونے کے طور پر چند اشعار ملاحظہ ہوں۔ دیکھئے کس طرح دریا کو کوزے میں بند کر دیا ہے؟ ایک روز مجنوں اسکول سے روتا ہوا دوڑا تو اس نے اپنے گارجین مرزا غالب سے شکایت کی کہ

اس کو ماسٹر نے بے قصور مارا ہے۔ مرزا غالب کا افراسیابی خون جوش میں آگیا اور وہ ماسٹر کے "پرزے اڑانے" اسکول پہونچے تو عین موقع واردات پر شاعرلِ گیا اور وہ انھیں سمجھا تا ہے کہ ماسٹر نے برخوردار مجنوں کو جو سزا دی وہ بالکل حق بجانب تھی کیونکہ یہ صاحبزادے کوئلے سے اسکول کی دیوار خراب کرتے ہوئے پکڑے گئے تھے

نہ لڑ ناصح سے غالب کیا ہوا گر اس نے شدت کی
کہ مجنوں لام الف لکھتا تھا دیوارِ دبستاں پر

زرا خدا لگتی کہئے گا کہ اب شعر کی اخلاقی حیثیت کہاں سے کہاں پہونچ گئی ہے ؟ عاشق کی عزت نفس کے متعلق غالب نے بہت سے اشعار کہے ہیں لیکن خدارا اس شعر کے تیور ملاحظہ فرمائیے۔ ایک دفتر میں کلرک ہو جانے کے بعد عاشق کے لہجے میں کیسی خود اعتمادی آجاتی ہے ؟

دائم پڑا ہوا ترے در پر نہیں ہوں میں
وہ دن گئے کہ کہتے تھے نوکر نہیں ہوں میں

ملاحظہ ہو کہ قرض کی شراب پی کر مرزا غالب ساقی کی دھر پکڑ سے بچنے کے لئے اس کو کس طرح پچکار رہے ہیں ؎

قرض کی پیتے تھے مے اور کہتے تھے کہ ہاں
دھول دھپا اس سراپا ناز کا شیوہ نہیں

کون کہتا ہے کہ مرزا صاحب ناعاقبت اندیش تھے۔ دیکھئے کس طرح اپنے چھوٹے بھائی اسد کو مشورہ لینے کے بہانے نصیحت کرتے ہیں۔

لے تو لوں سوتے میں اس کے پاؤں کا بوسہ مگر
فائدہ کیا سوچ آخر تو بھی دانا ہے اسد

اور غالباً یہ آپ کے مذاق کا شعر ہو۔ زرا معشوق کی جلد بازی تو ملاحظہ فرمائیے

زلف سے بڑھ کر نقاب اس شوخ کے منہ پر کھُلا
جتنے عرصے میں مرا لپٹا ہوا بستر کھُلا

اور معشوق کی تیز رفتاری تو غالباً اس سے بہتر کبھی بیان ہی نہیں کی جاسکتی۔

تھا ن سے وہ غیرتِ صرصر کھُلا
کس نے کھولا، کب کھُلا، کیونکر کھُلا

اور غالباً یہ شعر تو داد سے مستغنی ہے۔ساقی اس سے بڑھ کر مرزا صاحب پر اور احسان ہی کیا کرسکتا تھا ؂

میں اور حظِ وصل خدا ساز بات ہے
ساقی نے کچھ ملا نہ دیا ہو شراب میں

اور پھر معشوق کے بڑھاپے کی جب وہ کئی بچوں کی ماں بن کر اپنے شوہر یعنی غالب کے پرانے رقیب کے ساتھ "سب خیریت ہے" قسم کی زندگی بسر کر رہی ہے کیا خوب تصویر کھینچ کر رکھ دی ہے ؂

یقین ہے ہم کو بھی، لیکن اب اس میں دم کیا ہے
رقیب پر ہے اگر لطف، تو ستم کیا ہے

دیکھئے ع ظلم ہے گر نہ دو سخن کی داد! یہ سب مصرعے حضرت غالب ہی کے ہیں اور میں نے ان میں ہرگز کسی قسم کی کوئی تحریف نہیں کی ہے صرف ذرا چابک دستی سے ان کی ترتیب میں تھوڑی سی اُلٹ پُلٹ کر دی ہے!"

میں نقشِ حیرت بنا یہ سب سُن رہا تھا لیکن نہیں معلوم میرے ہاتھوں میں ایک خاص قسم کی تشنجی کیفیت کیوں پیدا ہو رہی تھی۔

بالغ صاحب کی روانی طبع کچھ اور تیز ہو چلی " دیکھئے مرزا صاحب معشوق کو بہلا پھسلا کر اسے چھپ چھپ کر ملنے کے کیسے کیسے مقامات بتاتے ہیں؟ گرگب

باراں دیدہ تھے کہ باتیں! ؎

مجھ کو بھی پوچھتے رہو تو کیا گناہ ہو
مسجد ہو، مدرسہ ہو، کوئی خانقاہ ہو

اور جگر تھام کر ذرا یہ شعر تو ملاحظہ فرمائیے ع دل صاحبِ اولاد سے انصاف طلب ہے آپ نے بہت سے معشوق دیکھے ہوں گے لیکن ایسا عاشق خود معشوق بھی کبھی آپ کے پلّے پڑا ہے ؎

اُن کے دیکھے سے جو آجاتی ہے منہ پر رونق
جی میں کہتے ہیں کہ مفت آئے تو مال اچھا ہے

اور یہ شعر تو حاصلِ دیوان ہوکر رہ گیا ہے۔ پہلے شعر سن لیجئے پھر میں اس کے تفصیلات ذرا تفصیل سے بیان کرنا چاہتا ہوں ؎

غیر سے رات کیا بنی یہ جو کہا تو دیکھئے
موج محیطِ آب میں مارے ہے دست و پا کہ یوں

لیکن ساتھ ہی ساتھ یہ بھی ملاحظہ فرماتے چلئے ؎

ضد کی ہے اور بات مگر خُو بری نہیں
دینے لگا ہے بوسہ بغیر التجا کئے

اس کے بعد کیا ہوا؟ تفصیلات برطرف ایک تہمد اور ایک بنیائن کی کچھ دھجیاں میرے حصّے میں آئیں اور میرا پرانا رفیق دیوانِ غالب مجھ سے ہمیشہ ہمیشہ کے لئے بچھڑ گیا۔ فی الحال میں اسپتال میں ہوں اور بیوی بچے ہوٹل میں۔ الاٹمنٹ افسر کو درخواست دے رکھی ہے کہ مجھے کوئی ایسا مکان الاٹ کیجئے جس میں چاہے روشن دان نابدان بلکہ چھتیں اور دیواریں تک نہ ہوں لیکن اس سے ایک میل کے قطر میں کوئی ماہر غالبیات نہ پایا جاتا ہو۔ ابھی تک تو ایسا کوئی مکان مل نہیں پایا ہے۔

واضح رہے کہ غالب اب بھی میرا محبوب ترین شاعر ہے بلکہ ماہرین اور شارحین کے ہاتھوں اس کی درگت بنتے دیکھ کر وہ مجھے پہلے سے بھی کہیں زیادہ عزیز ہو گیا ہے۔ بحمد اللہ میں نے دیوانِ غالب کا ایک دوسرا نسخہ خرید لیا ہے اور غسل خانے میں جب کبھی پانی ضرورت سے زیادہ ٹھنڈا ہوتا ہے تو میں اس کے اور صرف اس کے اشعار گنگنایا کرتا ہوں اور اکثر اس کی مظلومیت کا تصور کر کے یہ مصرع بھی پڑھ لیا کرتا ہوں ؎

شاعر تو وہ اچھا ہے پہ بدنام بہت ہے

محفلِ وعظ میں

بچپن میں ہمیں زیادہ تر ایسے بزرگوں سے سابقہ پڑا جو جب بھی ڈالی کر دی نظر ڈالی" کی تفسیر بن کر ہم پر ہمارا عرصۂ حیات تنگ کیے ہوئے تھے۔ بچپن سے جوانی میں قدم رکھا تو سوچا کہ شاید اب اس دور سے باہر نکل آئے جب ہم مستقلاً کسی نہ کسی خود ساختہ واعظ کا موضوعِ وعظ بنے رہتے لیکن اجی توبہ کیجئے زندگی کی شاہ راہ کی ہر جھاڑی میں کوئی نہ کوئی واعظ ضرور چھپا ملا۔ اس بخیل دنیا میں بہت سی چیزیں بقدر ہوس کیا بقدر ضرورت کبھی نہیں مل سکیں لیکن یہ شکایت کبھی نہ ہو سکی کہ اچھے واعظ نہیں ملے نصیحت اور فضیحت کرنے والے اور آدمی سے انسان، بلکہ انسان سے مرغا بنانے والے ملے اور بہت ملے بلکہ اتنے ملے کہ دشکوۂ تنگی داماں، تو ایک طرف، ان کی صورت دیکھتے ہی ہوش و حواس کو خیر باد کہتے ہوئے اپنے ساتھ ان کے بھی کپڑے پھاڑ کر بھاگ نکلنے کو جی چاہنے لگا۔

ایک دفعہ ہم اپنی لاعلمی یا شامتِ اعمال سے ایک پیشہ ور واعظ کے ہمسایہ بن بیٹھے مع ہی مثل کہ آ بیل مجھے مار! ایک روز سویرے یہ مولانا قمر صاحب اپنی کسی کتاب کے جسے کوئی نامعقول بندر اُچک لے گیا تھا، ورق ڈھونڈتے ہوئے ہمارے

غریب خانے پر آ بہو نچے اور ہمیں بستر پر دراز دیکھ کر سحر خیزی کے فضائل کچھ اس دلآویز طریقے سے بیان فرمانے لگے کہ ہم اچھے بھلے جاگ کر پھر سو گئے۔ شام کو پھر نازل ہوئے تو ایک باتصویر رسالہ دیکھ کر عریانیت کے خلاف ایک حیا سوز مقالہ پڑھ ڈالا۔ دوسرے روز جلوہ افروز ہوئے تو ہم کو کچھ گنگناتا سُن کر گنگنانے، بھنبھنانے، گانے، شعر پڑھنے وغیرہ پر فی البدیہہ ایک لعنت نامہ اُگل کر رکھ دیا۔ قصّہ مختصر بہت جلد انھوں نے یہ جیتی جاگتی، تڑپتی اور مچلتی دنیا کو ہمارے لئے قبرستان سے بھی بدتر بنا دیا۔ اور

ع ناوک نے تیرے صید نہ چھوڑا زمانے میں، کا مضمون ہو کر رہ گیا۔

ننگے سر رہنا بدتہذیبی، سگریٹ پینا بدعت، ناول پڑھنا ناجائز۔ تاش کھیلنا گناہ، سنیما دیکھنا حرام! ہمارے لئے راہِ فرار مسدود تھی لہٰذا زخم پر زخم کھا کر بھی خاموش اور "سنو سب کی اور کرو من کی" کے زریں اصول پر کاربند رہے۔ قمر صاحب نے خصوصیت سے جہنم کے سارے طبقات کا جغرافیہ ہمیں کچھ اس تفصیل سے ازبر کرا دیا تھا کہ ہمیں یقین تھا کہ اگر دھوکے سے وہاں پہنچ گئے تو کم از کم وہاں کا راستہ کسی بزرگ سے پوچھنا نہیں پڑے گا۔

غالباً آپ سوچ رہے ہوں گے کہ اس کے بعد ہم نے خودکشی یا قتل کی کوئی کوشش کی ہو گی۔ جی نہیں۔ اس کی ضرورت نہیں پڑی۔ تھوڑی سی تحقیق اور جستجو سے ہمیں پتہ چل گیا کہ تمباکو نوشی اور سُلفہ بازی قمر صاحب کی گھٹی میں پڑی ہوئی تھی۔ شاعری سے انھیں فطری لگاؤ تھا۔ کائیاں پرانے رسیا نکلے۔ ناولیں وہ بڑے شوق سے پڑھتے لیکن کسی ناقابلِ اعتراض کتاب کے بیچ میں رکھ کر۔ سنیما دیکھے بغیر وہ زندہ نہیں رہ سکتے۔ لیکن صرف دوسرا شو اور وہ بھی چہرے کے گرد تولیہ یا مفلر لپیٹ کر۔ تاش وہ ہم سے کہیں بہتر کھیلتے البتہ کمرہ بند کر کے۔ شطرنج ہمیں نہیں آتی تھی وہ انھوں نے بقدرِ ضرورت بہت جلد سکھا دی۔ غرض کہ زیادہ عرصہ نہیں گزرا کہ ہم دونوں ایک

دوسرے کو اچھی طرح پہچان کر ایک جان دو قالب ہو گئے۔ فرق صرف اتنا تھا کہ وہ ولی پوشیدہ کہلاتے اور ہیں کافر کھلا۔

ایک روز قمر صاحب بہت اصرار کر کے ہمیں اپنے ساتھ ایک محفل وعظ میں لے گئے۔ عجیب آرائش اور انتظام تھا وہاں کا! شان دار پنڈال دولہن کی طرح سجا ہوا تھا اور بجلی کے بے شمار قمقموں نے رات کو دن بنا دیا تھا۔ قمر صاحب اپنے پورے یونیفارم میں بڑے کروفر سے پہنچے تو اُن کا پُرجوش خیر مقدم کیا گیا اور اُن کے دم چھلّے کی حیثیت سے ہماری بھی غیر ضروری تواضع کی گئی۔ ابتدائی کارروائی یعنی پس منظر میں منتظمین کی حقیر پیشکش، نوٹوں کی ایک گڈی کو جیب میں اور بے تکلف! حضر کو جس نے انھوں نے مجھے بھی شریک مغلوب کر لیا تھا۔ پیٹ میں محفوظ کر لینے کے بعد قمر صاحب جلسے کی طرف رجوع ہوئے۔ پنڈال اب بھر چکا تھا۔ مجھے بڑی مشکل سے ایک کونے میں جگہ ملی۔ قمر صاحب ع نکلا دکاتا ہوا ضیغم کچھار سے، کے انداز میں پلیٹ فارم پر نمودار ہوئے تو سارا پنڈال ایک بے ساختہ نعرہ تحسین سے گونج اٹھا۔

قمر صاحب نے وعظ شروع کیا تو کسی بپھرے ہوئے طوفان کی طرح مجمع پر ٹوٹ پڑے۔ فصاحت کی ایک آندھی بلاغت کا ایک سیلاب تھا جو امنڈا ہی چلا آتا خطابت کا ایک زلزلہ تھا جس کے جھٹکے سامعین اپنے دل کی دھڑکنوں میں سُن رہے تھے۔ کوئی دریا کو کوزے میں بند کرتا ہے قمر صاحب کوزے سے دریا بہا رہے تھے۔ اور تو اور خود ہم مبہوت ہو کر رہ گئے تھے کہ ہمارا یہ بے تکلف دوست صرف ہماری گمراہیوں کا شریک غالب نہیں بلکہ زمین و آسمان کے قلابے ملا کر ساری جنت اور دوزخ کا الاٹمنٹ افسر بھی بن سکتا ہے۔

رات کی خواب آور فضا میں قمر صاحب کی پروقار آواز کسی آبشار سے پانی گرنے کا سماں پیدا کر رہی تھی۔ ہم کچھ عجیب کیف و سرور محسوس کر رہے تھے لیکن بالآخر

یہ نیند کا غلبہ ثابت ہوا۔ بداعمالیاں — عریانیاں — ضمیر کی آواز — روزِ قیامت — قہرِ خداوندی۔ شرم تم کو مگر نہیں آتی! کے غیر مبہم الفاظ سنتے سنتے ہم بالکل ہی غافل ہو گئے اور ہمیں کچھ ایسا معلوم ہوا جیسے ہم موٹر سائیکل پر بیٹھے فضا میں پرواز کر رہے ہوں۔ شاید ہم اپنے خراٹوں کی آواز خود سُن رہے تھے۔

اچانک جن صاحب کی گردن کو ہم ملائم پروں والا تکیہ سمجھ رہے تھے انھوں نے بڑی بے دردی سے ہمیں ایک طرف ڈھکیل دیا اور ہم خوں خراپ کرکے کچھ اس بدعنوانی سے جاگے کہ ہم نے آس پاس کے سب لوگوں کو اپنے اوپر ہنستا ہوا پایا۔ قمر صاحب دانت پیس پیس کر اور ہاتھ پھیلا پھیلا کر کچھ فرما رہے تھے بلکہ بدستور فرماتے ہی چلے جا رہے تھے لیکن لاؤڈ اسپیکر کے دفعتاً بے جان ہو جانے کی وجہ سے کچھ سُنائی نہ پڑتا۔ ہمارے ہوش و حواس بجا نہ تھے لہٰذا اس منظر کی تاب نہ لاکر موقع و محل کی نزاکت کا اندازہ کئے بغیر ہمارے مُنھ سے ایک بے ساختہ قہقہہ گونج اٹھا۔

یہ کم بخت قہقہہ بارش کا پہلا قطرہ ثابت ہوا۔ اور ہر چہار جانب سے قہقہوں کی موسلا دھار بارش شروع ہو گئی۔ اور پھر اس غیر سنجیدہ فضا کا ناجائز فائدہ اُٹھاتے ہوئے کسی ناشدنی نے ایک دم سے بجلی گل کر دی اور وہی پنڈال جو چند ساعت پیشتر جنت نگاہ بنا ہوا تھا اب ایک ایسا تاریک ویرانہ بن گیا کہ جس میں ہر طرف کتوں اور بلیوں کی آوازیں بلند ہو رہی تھیں۔

دفعتاً اس اندھیرے میں یہ اندھیر ہوا کہ لاؤڈ اسپیکر پر قمر صاحب کی فیصلہ کن آواز گونجی "یہ محلہ بدمعاشوں کا معلوم ہوتا ہے" غالباً قمر صاحب مائکروفون کو بے جان سمجھ کر شور و غل کی تنہائی میں اُس کے سامنے اپنے دل کی بات زبان پر لے آئے تھے۔ اب کیا تھا بارود میں چنگاری پڑ گئی! عام شور و غل کے درمیان "لینا" "پکڑنا" "جانے نہ دینا اس بدزبان کو" کی بھیانک آوازیں گونجنے لگیں اور پھر

ایک طرف سے ایک قیامت خیز غلغلہ بلند ہوا "بدمعاش آ گئے تبرک کے حصوں کو بچاؤ!" "پولیس! پولیس!" اور پھر بے پناہ ہاؤ ہو کے ساتھ ہی گڑبڑ۔ ہلچل۔ لپاڈگی اور بے تحاشا بھگدڑ شروع ہو گئی۔ سینکڑوں کا خلفشار اور گھپ اندھیرا بالآخر اس طوفانِ بے تمیزی کی شامیانہ بھی تاب نہ لا سکا اور ایک وحشت خیز کھڑکھڑاہٹ کے ساتھ کسی دلِ عاشق کی طرح بیٹھ گیا! اس کے نیچے پچاسوں آدمی جال میں مینڈکوں کی طرح پھدکنے اور بندروں کی طرح چیخنے لگے۔

قمر صاحب سے ہم مایوس ہو کر اپنی ٹوپی اور جوتے کے بغیر گھر تک پہنچے تو قمر صاحب کو اپنا منتظر پایا۔ وہ غالباً اس قسم کے جلسوں سے بھاگ نکلنے میں ہم سے کہیں زیادہ تجربہ کار تھے۔ ہم کو دیکھ کر انتہائی غیظ و غضب میں چیخے "منتظمین پر لعنت" اور ہم نے صدق دل سے ان کی تائید کی "منتظمین کیا بلکہ سارے حاضرین پر ایضاً" ہماری اس سعادت مندی سے خوش ہو کر اپنی عبا میں لپٹی ہوئی ایک پوٹلی کی طرف اشارہ کر کے فرمایا "خیر میں تبرک یعنی مٹھائی کے کچھ حصے اپنے ساتھ لیتا آیا ہوں" اور ہم ع ناطقہ سر بگریباں کہ اسے کیا کہیے کا نقشِ حیرت بنتے ہوئے بے ساختہ چیخ اٹھے "حضور والا اجالا بھی آپ کا اور اندھیرا بھی آپ کا۔"

اجالے کا غازی ، اندھیرے کا شاطر
ہے عقبیٰ بھی تیری ، یہ دنیا بھی تیری

شرافت

شرافت دو قسم کی ہوتی ہے ایک اصلی جس کا خمیر "شر" اور "آفت" سے اُٹھتا ہے اور جس کے باعث پگڑیاں اچھلتی اور ناکیں کٹتی ہیں اور دوسری نقلی جو اپنے مادے "شرف" کی محتاج ہوتی ہے اور جس کی حد ادب بشیتر "آداب عرض" "مزاج شریف" اور "پہلے آپ" تک محدود رہتی ہے۔

اصلی شرافت اُس خالص گھی کی نسل سے ہوتی ہے جس کی خوشبو یا رنگ میں کوئی بھی فرق پڑ جائے اور اس میں کسی بھی الّم غلّم چیز کی آمیزش کر دی جائے لیکن بیچنے والا اُسے خالص گھی کہتا ہے اور مجبوراً کھانے والے کو اُسے اُسی نام سے کھانا اور پھر اپنی حماقت یا سینے کی جلن چھپانے کے لیے اُسے اُسی نام سے ہضم کرنا پڑتا ہے۔ اصلی یا بے اختیاری شرافت باپ دادا سے نسلاً بعد نسلاً ایک خاص میکانکی عمل کے تحت منتقل ہوتی رہتی ہے اور اس سے چھٹکارا پانے کے لیے خواہ کیسا ہی کمینہ پن کیوں نہ کیا جائے۔ وہ کسی بلائے بے درماں کی طرح پیچھا ہی نہیں چھوڑتی۔ چھٹتی نہیں ہے منہ سے یہ کافر لگی ہوئی — اور اس قسم کی شرافت سے جو عزت حاصل ہوتی ہے اس کے متعلق کسی شریف النفس شاعر نے بالکل ٹھیک ہی کہا ہے۔

عزت وہ خزانہ ہے جو خالی نہیں ہوتا
سو جوتوں سے کم رتبہ عالی نہیں ہوتا

نقلی شرافت، اصلی گھی کی نسل والی شرافت کی طرح بے ساختہ نہیں بلکہ بناسپتی کی طرح خود ساختہ ہوتی ہے۔ آسانی سے میسر بھی آجائے رنگ و بو دھوکے میں بھی ڈال دے لیکن خالص گھی والی مفروضہ روغنیت یا کم از کم لیبل بناسپتی کو کہاں نصیب؟ بناسپتی یا خود اختیاری شرافت صالح کردار، اور پسندیدہ اخلاق، اسے خود حاصل کی جاتی ہے۔ یہ آمد کے بجائے آورد ہوتی ہے۔ اور ذرا سی لغزش مستانہ سے ہاتھ کے طوطوں کی طرح اُڑ جایا کرتی ہے اور چراغ رُخ زیبا لے کر اسے لاکھ ڈھونڈھا جائے یہ گدھے کے سر کے سینگ کی طرح ہمیشہ کے لیے غائب ہو جاتی ہے۔ نسبی شرافت کے مقابلے میں اس قسم کی شرافت کو کسبی شرافت کہا جاتا ہے۔ اور دنیا جانتی ہے کہ ہمارے بڑے بوڑھے کسی کبھی کسبی کی سرپرستی بھلے ہی کرلیں۔ دیکھتے اُسے بے اعتباری، اور تحقیر ہی کی نظر سے ہیں، اور اس کے لیے ہمیشہ کچھ اس قسم کے برتاؤ کے منتظر رہتے ہیں

اور آجائے گی بازار سے کر ڈالو حلال
ٹینی مُرغی ہے، یہ کیسے ہوئی مُردار اصیل

ہمارے سارے جہاں سے اچھے، ہندوستان جنت نشان میں کسی انسان کی زندگی کے سو میں نچھتر واقعات کی داغ بیل اُس کے حادثۂ پیدائش کے وقت پڑجاتی ہے۔ مثلاً وہ کس طرح اپنی روزی کمائے گا کس خاندان میں شادی کرے گا۔ کن تمارتکی سورماؤں کو اپنا ہیرو سمجھے گا۔ کون سے مقامات کی زیارت کرے گا، کس قسم کے بزرگوں کے ہاتھوں بیوقوف بنایا جائے گا۔ کس ذات کے امیدوار کو ووٹ دے گا۔ اور کسی فرقہ وارانہ فساد میں کس فرقے کی جانب سے کھیت رہے گا۔ وغیرہ وغیرہ

ہمارا بزعم خود مہذب اور روایات پرست طبقہ صرف نسبی شرافت کا قائل ہے۔ پیدائشی شرافت پر اُس کا ایمان بالغیب اس قدر پختہ ہوتا ہے کہ وہ کبھی خواب و خیال میں بھی اس کفر کو قبول کرنے کے لئے تیار نہیں ہوتا کہ کوئی نتھو، بدھو، خیرو، صرف حلیئے اور عادات و اطوار کو نستعلیق بنا کر شرافت جیسی نعمت خداداد کا حقدار بن سکتا ہے۔ خاندانی شرفا کی رائے میں اگر کوئی کمینہ زبردستی شریف بننے کے شوق میں اپنے اوپر شرافت کے آثار طاری کرتا ہے تو وہ جھک مارتا ہے اور بناسپتی کہلاتا ہے۔ مطلب یہ کہ خالص گھی کی قسم کا نہیں بلکہ زیادہ سے زیادہ بناسپتی نسل کا کم ذات شریف ہو سکتا ہے اور وہ بھی صرف اس وجہ سے کہ یہ کلجگ ہے اور اس میں ہر انہونی بات کا ہونا لازمی ہے۔

خود اختیاری شرافت کو ہمارے سماج کے ٹھیکیدار ملمع یا نقلی سمجھتے ہیں اور اُسے اچھی نظر سے دیکھنا تو دور رہا بیوقوفی، بزدلی، اور دنیا سازی پر محمول کرتے ہیں۔ اور یہی وجہ ہے کہ وہ بے چاری زیادہ دکھائی بھی نہیں پڑتی۔ لوگ اس کو برتتے ہوئے جھینپتے اور شرماتے ہیں اگر کبھی نادانستہ طور سے وہ اُن سے سرزد بھی ہو جاتی ہے تو وہ ایسا بوکھلا تے ہیں۔ جیسے کسی روزے دار مولوی کو غسل خانے میں بیڑی پیتے یا کسی تلک دھاری مہاراج کو جیب کاٹتے دیکھ لیا جائے۔ ہم میں سے بہت سے لوگ کسی بڑے آدمی کے چہرے کے ہونق پن کو رعب داب سے، کسی زباں دراز کی بدتہذیبی کو صاف گوئی سے، اور کسی بے مروت کی کج خلقی کو اصول پرستی سے تعبیر کرتے ہیں اور ہمدردانہ طرز عمل، میٹھے بول اور خوش اخلاقی میں ایک طرح کا اوچھا پن محسوس کر کے دال میں کچھ کالا سمجھتے ہیں۔

ایک دفعہ میرے چچا اور ان کے ایک دوست خان صاحب جو اپنا رشتہ بلا واسطہ چنگیز خاں اور ہلاکو خاں سے جوڑتے اور اسی طرح نسبی شرافت میں ساری دنیا کے انسانوں کو اپنے اجداد کے گھوڑوں کی ٹاپوں سے روندا ہوئے سمجھتے، ریل کے ایک ڈبے

یں ایک ساتھ سفر کر رہے تھے۔ اتفاق سے ڈبے میں ایک اندھا آگیا۔ اور اُسے بیٹھنے کے لیے کوئی جگہ نہ ملی۔ نہیں معلوم خان صاحب کی کون سی رگ پھڑکی کہ انھوں نے اس کے لیے اپنی جگہ خالی کر دی اور خود کھڑے ہو گئے۔ ریل سے اُترتے ہی بچا نے انھیں چھیڑنے کی نیت سے کہا۔ خانصاحب آج تمھاری چنگیزیت میری نظر میں بہت ہی مشکوک ہو گئی تم ہلاکو خاں، جس نے بڑے بڑے بادشاہوں کی ٹانگیں تخت شاہی پر سے پکڑ کر گھسیٹ لی تھیں، کے پوتے اور ایک اندھے کے لیے اپنی جگہ چھوڑ دو! ضرور کہیں اپنی مرتا ہے تمھارے شجرۂ نسب میں! ورنہ تم اس قسم کی بناسپتی شرافت کا مظاہرہ ہرگز نہ کرتے۔ خان صاحب نے فوراً تلملا کر جواب دیا! "اجی جس جگہ میں بیٹھا ہوا تھا اُسی کے قریب کسی کم بخت نے قے کر دی تھی لہٰذا میں نے اپنی جگہ مصلحتاً چھوڑ دی تھی" اور اس کے بعد انھوں نے ایک بیہودہ قسم کا قہقہہ لگایا جیسے انھوں نے گم شدہ شرافت کو ہمایوں کے تخت کی طرح از سرِ نو حاصل کر لیا ہو۔

اسی طرح ہمارے ایک دوست پنڈت جی جو صرف چھوت چھات کے قائم رہنے میں ہندوستان کی مکتی سمجھتے۔ ایک مرتبہ ایک بھنگی کو اس کی تنخواہ کے تقاضے کو ٹالنے کے لیے "میرا بھائی" کہہ بیٹھے تھے اتفاق سے یہ کلمۂ خیر میں نے بھی سن لیا تھا چنانچہ دوسرے روز ملاقات کے وقت میں نے پنڈت جی کو ان کی اس ترقی پسندی پر مبارکباد دینا ضروری سمجھا۔ پنڈت جی بُری طرح جھینپتے ہوئے تڑپ کر بولے "اجی کیا بتاؤں۔ بڑھاپے میں زبان پر قابو نہیں رہا ہے۔ کل وہ نامعقول الفاظ معلوم نہیں کس رو میں میرے منھ سے نکل گئے تھے۔ لیکن یقین مانئے میں نے جب تک گنگا جل سے اپنی زبان پوتر نہیں کر لی کھانا نہیں کھایا تھا!"

حاصل کلام یہ کہ ولی شاعر، لیڈر، اور اسی قسم کے دوسرے حضرات کی طرح جن کی دماغی صحت عوام الناس کی نظر میں بہت مشتبہ اور مشکوک ہوتی ہے ایک خالص

شریف آدمی بھی پیدا ہوتا ہے بنتا نہیں ہے۔ شرافت کا کھرا سکہ ماں کے پیٹ کی ٹکسال ہی سے برآمد ہوتا ہے۔ جو لوگ اپنی گفتار اور کردار سے شریف بن کر شریفوں کی محفل میں گھسنے کی کوشش کرتے ہیں وہ بقول شخصے کھوٹے سکے چلاتے ہیں اور کسی نہ کسی دن پکڑ ضرور لیے جاتے ہیں اور چور کا دل کتنا؟ کے مصداق ہمیشہ احساس کمتری کا شکار رہتے ہیں۔

ایسے حضرات جو اپنے بڑے شریف النسل ہونے یعنی اپنی بے اختیاری شرافت کا ڈھنڈھورا پیٹتے رہتے ہیں۔ وہ ایک حد تک اُسی طرح قابل معافی ہو سکتے ہیں۔ جیسے کوئی مولوی یا پنڈت ابتدائی جغرافیہ یا سائنس یا حفظان صحت کے معمولی سے معمولی اصول نہ جانتے ہوئے بھی افضلیت کی پگڑی اپنے سر پر باندھے سات آسمانوں کی خبریں سُنایا کرتا ہے۔ آپ زیادہ سے زیادہ اُن پر مسکراتے ہیں یا ان کو چھیڑ کر لطف حاصل کر سکتے ہیں لیکن رونے کا مقام وہاں در پیش آجاتا ہے۔ جہاں کوئی بھلا آدمی خواہ مخواہ خود اختیاری شرافت کے منہ چڑھا کر بے اختیاری شرافت کو اپنانے کے لیے اپنے اچھے بھلے شجرۂ نسب میں کانٹ چھانٹ کر کے نئی قلمیں باندھنا شروع کر دیتا ہے۔

ہمارے قصبہ میں ایک صاحب ایک پُرانے رئیس کے گھر کے خانہ زاد تھے۔ اپنی محنت اور لیاقت سے وہ ایک ممتاز سرکاری عہدے پر فائز ہو گئے اپنے عُہدے کی ترنگ میں انھوں نے نہ آؤ دیکھا نہ تاؤ ایک روز سویرے اُٹھ کر اپنے آپ کو "سید ہاشمی" لکھنا شروع کر دیا۔ قصبہ کے ایک منچلے نے ان پر یہ پھبتی کسی کہ جب اس کے سامنے ان جدید سید ہاشمی نے کسی سے اپنا خود ساختہ نسب بیان کیا تو وہ فوراً بیچ میں بول اُٹھا "جی ہاں آپ ہمارے قصبے کے سب سے کھرے سید ہیں دوسرے سیدوں کے متعلق تو صرف باپ دادا کی زبان سے سُنتے چلے آئے ہیں کہ وہ سید ہیں لیکن ان کو خود اپنی آنکھ سے سید بنتے دیکھا ہے۔ شُنیدہ کے بود مانند دیدہ!"

ہمارے مرزا صاحب کی خوشی اور ناخوشی کی دنیا ان کی افیون کی پیالی اور شطرنج کی بساط تک محدود تھی لیکن اس کے باوجود انھیں ایک بات کا بڑا صدمہ تھا جس کا تذکرہ کم سے کم پچاس دفعہ وہ مجھ سے کر چکے تھے۔ کسی زمانے میں مرزا صاحب کے ابا حضور کے پاس ایک شخص عبداللہ نامی بٹیروں کو دانہ پانی دینے پر دو روپے ماہوار اور کھانے پر ملازم تھا۔ اب اس عبداللہ کا لڑکا محمد احمد پڑھ لکھ کر ڈپٹی کلکٹر ہو گیا تھا۔ اور مرزا صاحب کے دونوں لڑکے صرف جوتیاں چٹخاتے اور پتنگ بازی یا گلی ڈنڈا کھیل کر ان میں "یہ کاٹا" اور "وہ مارا" کہتے رہ گئے تھے۔ مرزا صاحب کی رائے میں زمانہ کی یہ نا انصافی جب پیر کا جوتا سر پر اور سر کی ٹوپی پیر میں آ گئی تھی چودھویں صدی یا قرب قیامت کی کھلی ہوئی علامت تھی اور جس کے رونما ہو جانے کے بعد غالباً ہر سمجھدار انسان کو افیون پینا اور شطرنج کھیلنا شروع کر دینا چاہیے تھا۔

ایک روز مجھ سے نہ رہا گیا تو میں پوچھ ہی بیٹھا "کیا آپ کے خیال میں محمد احمد کو اپنی ملازمت سے استعفا دے دینا چاہیے تھا؟" جواب دیا "میاں ان کمینوں میں ایسی غیرت کہاں؟" اور پھر یہ شعر پڑھ کر

مٹے نامیوں کے نشاں کیسے کیسے
زمیں کھا گئی آسماں کیسے کیسے

انھوں نے ایک داستان ہوشربا سنا ڈالی کہ کس طرح ایک زخمی ہرن پکڑ لینے کے انعام میں شہنشاہ جہانگیر نے ان کے پردادا کے لکڑدادا کو ایک جو تھائی پر گنے کی جاگیر دلذی عطا کر دی تھی اور اس وقت سے ان کے خاندان کے سر پر امارت اور شرافت کی ہما بیٹھی چلی آ رہی تھی۔

میں نے مودبانہ عرض کیا "تو ہرن اور بٹیر میں کون سا ایسا فرق ہے!" خلاف معمول سمجھ گئے لہٰذا شطرنج کی بساط پر مُہرے جماتے ہوئے بولے "اجی کچھ دم خم ہو

تو آجائیے میدان میں! پڑا پچھے نہ اڑا دوں تو میرا نام نہیں!"

کہنے کا مقصد یہ نہیں ہے کہ باپ دادا کا نام لینا یا ان کے کارناموں کا تذکرہ کرنا تحفظ ہندوستان کے قانون کے ماتحت جرم قرار دے دیا جائے یا تابندہ خاندانی روایتوں کے تذکرہ کرنے پر کسی کو پاگل خانے بھیج دینا چاہیے۔ اپنے اسلاف کے کارناموں اور اُن کی صحت مند روایتوں کا زندگی بخش شعور اس بے کراں انسانی برادری میں کسی بھی فرد کی شخصیت کے تناسب نشو و نما کے لیے ضروری اور لازمی ہے۔ ہر شاخ اپنے درخت ہی پر پھولتی پھلتی زیادہ خوشنما معلوم ہوتی ہے۔ علاوہ ازیں اپنے پیش رو بزرگوں کے قائم کئے ہوئے اعلیٰ اقدار کا احساس ہمیں انھیں برقرار رکھنے اور اپنے جانشینوں کے لئے خود بھی چند تصاویر بتاں اور چند حسینوں کے خطوط کے علاوہ کچھ چمکتے ہوئے نقوش قدم چھوڑ جانے کا محرک ثابت ہوتا ہے۔

البتہ یہ ضروری عرض کرنا ہے کہ ماضی کے بجھے ہوئے آفتابوں کی مفروضہ روشنی سے اپنی آنکھوں کو زبردستی ایسا چکا چوند نہ کر لیا جائے کہ وہ اب حال کی پیش پا افتادہ حقیقتوں کو دیکھنے سے بھی معذور ہو جائیں۔ اسلاف پرستی اگر کسی اغراض پرستی کے ماتحت ہو تو ضرور کیجیے لیکن اس کو ایک مرض یا مراق بنا کر اپنے اوپر ایسا نہ طاری کر لیجیے کہ کسی کھنڈر کے الٹے لٹکے ہوئے کور چشم چمگادڑ بھی دیدۂ عبرت نگاہ کھولنے پر مجبور ہو جائیں۔ آنکھیں بند بھلے ہی رکھیے لیکن ایسے بھینگے ہرگز نہ بنیئے کہ آپ کو انسانی برادری کے ناپیدا کنار سمندر میں انفرادیت کی لہروں کے بجائے خاندانی عصبیت کی دیواریں نظر آنے لگیں یا آپ کو اپنی دو پلی ٹوپی پر دستار اور کلغی کا دھوکا ہونے لگے یا خاندانی شرافت کے ٹھیکروں کو تجوری میں محفوظ کر کے آپ ذاتی شرافت کے جواہر کو کھڑکی سے باہر پھینک بیٹھیں۔

بیشتر خاندانی شرافت کے لیے ذاتی شرافت محض ایک مدفاضل بن کر رہ جاتی ہے

اس سلسلے میں ایک دفعہ ایک لطیفہ خود مجھے پیش آیا۔ ایک نجی محفل میں نہیں معلوم کیوں ایک صاحب اپنے ایک دوست کی خاندانی شرافت کا ڈھول پیٹ رہے تھے ایک دوسرے بگڑے دل صاحب اپنی شورہ پشتی کے مظاہرے کے طور پر اس سے انکار کرنے پر تلے ہوئے تھے۔ بات گفتگو سے بحث اور پھر بحث سے تو تو میں میں تک پہونچ چکی تھی۔ اور غالباً حوالات اور اسپتال تک پہونچنے والی تھی۔ ایک ریٹائرڈ جج صاحب جو اپنی بذلہ سنجی اور بڑھاپے میں بعض بدعنوانیوں کے باعث اپنی ناعاقبت نااندیشی کے لیے مشہور تھے۔ دفعتاً درمیان میں آ گئے۔ انھوں نے خاندانی شریف کے وکیل سے پوچھا "اچھا فرمائیے آپ کے دوست مقروض ہیں؟"

اس مہمل اور بے موقع سوال پر جلبلا کر جواب ملا "جی ہاں! تو پھر"

"اور آپ کے دوست کچھ دل پھینک بھی واقع ہوئے ہیں۔ اور انھوں نے ایک سے زیادہ شادیاں بھی کر رکھی ہیں؟"

"جی ہاں چار شادیاں تک کی ہیں۔ تو پھر؟"

"اور آپ کے دوست پرانے مقدمہ باز بھی ہیں"

"جی ہاں! تو پھر؟"

"اور آپ کے دوست کبھی کبھار منہ کا مزا بھی بدل لیا کرتے ہیں"

"جی ہاں! یہ اُن کا ذاتی معاملہ ہے تو پھر؟"

"تو پھر یقیناً وہ خاندانی شریف ہیں اور ان کی شرافت میں شک کرنے والا کافر ہے"

"کیوں! — آخر کیوں؟" دوسرے بگڑے دل صاحب اپنے خلاف فیصلہ سن کر تپ گئے۔

"اس لیے کہ سوائے کسی بڑے خاندانی شریف کے کوئی اور نتھو، بدھو، خیرو،

بیک وقت اتنی غیر شریفانہ حرکتیں کرنے کی ہمت ہی نہیں کر سکتا ہے۔

اور پوری محفل قہقہوں سے گونج اُٹھی۔

میں یہ مضمون یہیں تک لکھنے پایا تھا کہ کسی جملہ معترضہ کی طرح میرے دوست نواب مخدوش بیگ دفعتاً نازل ہو گئے۔ نواب اپنے آپ کو ہر اخلاقی قید و بند سے آزاد سمجھتے اور اسی کے ماتحت دوسری بدعنوانیوں کے ساتھ کسی دوسرے کے نجی خطوط یا مضامین بلا اجازت پڑھ لینے میں کوئی تکلف نہیں کرتے۔ میں جتنی دیر میں اُن کے لیے چائے لانے کے لیے اندر گیا انھوں نے یہ مضمون پڑھ ڈالا اور میری واپسی پر تیوریاں چڑھا کر بولے "اجی تم نے اس میں وہبی شرافت کا کوئی تذکرہ نہیں کیا؟"

"وہبی شرافت کیا؟" میں نے تعجب سے پوچھا۔

"ایں شرافت بزور بازو نیست تا نہ پوشد قبائے زرشندہ"

"کیا مطلب آپ کا؟"

"مطلب یہ ہے کہ وہبی شرافت وہ سمجھدار بھینس ہے جو طاقت اور دولت کی لاٹھی رکھنے والے انسان کے پاس کلیلیں بھرتی خود بخود چلی آتی ہے۔ یہ نادر شاہ ابن شمشیر بارو کرا۔ بر شاد ابن زر نقد کی ماں نہیں بلکہ داشتہ ہوتی ہے اور یہ داشتہ آید بکار کے مصداق موٹر پر نہیں بلکہ اپنے مالک کے پیچھے پیچھے ہاتھ باندھے ہوئے پیدل چلتی ہے۔"

میں نے کچھ کہنے کے لیے منھ کھولنا چاہا تو نواب نے شاعر انقلاب کا یہ شعر داغ کر مجھے بے جان نہ سہی بے زبان تو کر ہی دیا۔

منعم ہے تو ہے شیر کا بھی خویش محترم مفلس ہے تو گدھے کا بھی سالا ہے آدمی

تربوزہ!

میں ایک چھوٹا آدمی ہوں اور اس حیثیت سے اکثر مجھے بعض بڑے آدمیوں کو بہت قریب سے دیکھنے کا موقع ملا ہے اور میں بلا تامل کہہ سکتا ہوں کہ میں نے زیادہ تر اُن بڑے آدمیوں میں جتنی بڑائی زیادہ اتنی ہی انسانیت کم دیکھی ممکن ہے کہ یہ میری آنکھوں کا قصور ہو جو کسی بڑائی میں خواہ انسانیت قابلیت اور کردار کی بلندی ڈھونڈھنے کی کوشش کرنے لگتی ہیں حالانکہ دنیا کے معیار کے مطابق بڑائی کے لئے صرف دولت شہرت اور عہدے کی بلندی کی ضرورت ہوا کرتی ہے۔ بہرحال آپ چاہے یہی کیوں نہ کہہ دیں کہ انگور کھٹے ہیں۔ میں یہ کہے بغیر نہیں رہ سکتا کہ میرے دل میں جو کبھی ایک خواہش بڑا آدمی بننے کی تھی وہ اب اس تمنا میں تبدیل ہو گئی ہے کہ کاش میں ایک انسان بن سکتا! یقیناً بڑا آدمی بننے سے انسان بننا زیادہ مشکل ہے اور یہی وجہ ہے کہ بڑے آدمی زیادہ اور انسان کم نظر آتے ہیں

ع آدمی کو بھی میسر نہیں انساں ہونا

مدت ہوئی ہائی اسکول میں ایک بدھولق سا لڑکا میرے ساتھ پڑھا کرتا تھا اُس کی اور کوئی خاص بات تو یاد کرنے سے بھی یاد نہیں آتی۔ البتہ اتنا خیال پڑتا ہے

کہ وہ بہت موٹا اور انتہائی غبی اور لا پرواہ واقع ہوا تھا اور اس کی حماقتوں پر درجے میں اکثر دوسرے لڑکے اُس کا مذاق اڑایا کرتے۔ اُس کا اور میرا ساتھ چھُٹے ہوئے بھی ایک زمانہ گذر گیا تھا اور نہ مجھے اُس کی کوئی خبر تھی نہ فکر۔ سچ پوچھئے تو اگر کوئی مجھ سے پوچھتا کہ تمہارے خیال میں تمہارا وہ پُرانا ساتھی کیا کر رہا ہوگا تو میں یہی پیشین گوئی کرتا کہ وہ جانور نما انسان کسی کانجی ہوز کا محرر یا کسی مویشی اسپتال کا کمپونڈر ہوگا۔ لیکن جب ایک روز میں نے اخبار میں پڑھا کہ میرا وہ پُرانا ساتھی ایک عہدۂ جلیلہ پر سرفراز ہو کر ضرورت سے زیادہ بڑا آدمی بن گیا ہے تو تعجب سے میرا مُنہ کھُلے کا کھلا رہ گیا۔ اس تعجب میں حسد اور غصہ تو تھا ہی لیکن کچھ تھوڑی سی خوشی بھی تھی۔ جب میں نہ ہُوا تو ایرے غیرے سے میرا ایک پرانا گم شدہ ساتھی ہی غنیمت تھا۔

مارے شیخی کے اسی روز شام کو میں نے اپنے دوستوں کے جلسے میں نہ صرف اپنے پُرانے ساتھی کے عہدۂ جلیلہ کا ذکر کر دیا بلکہ یہ بھی جڑ دیا کہ بچپن ہی سے اُس میں بڑک پن کے آثار صاف نمایاں تھے۔ چنانچہ وہ میرا اس قدر فرماں بردار تھا کہ جب میں اُس کے کان کھینچنے کے لیے ہاتھ بڑھاتا تو نہ صرف وہ اپنا کان میرے ہاتھ میں دے دیتا بلکہ چپت کھانے کے لئے سر بھی جھکا دیتا وغیرہ وغیرہ۔ میرے اس چھیڑے ہوئے موضوع پر میرے ہر دوست نے خوب خوب طبع آزمائی کی اور کسی نہ کسی بڑے آدمی سے ایسا رشتہ یا سلسلہ جوڑا کہ بادل سے چلے آتے ہیں مضمون مرے آگے کا سماں بندھ گیا اور مجھے زندگی میں پہلی مرتبہ اپنے حلقۂ احباب کی حقیقی عظمت، اہمیت، اور افادیت کا احساس ہوا۔ البتہ ایک مرزا صاحب خلاف معمول زبان سنبھالے خاموش رہے اور جب انھیں بولنے کے لئے بہت مجبور کیا گیا تو صرف یہ شعر پڑھا ؎

ایسے ویسے کیسے کیسے ہو گئے! کیسے کیسے ایسے ویسے ہو گئے!

دوسرا مصرع پڑھتے وقت انھوں نے ہاتھ اٹھا اٹھا کر ہم میں سے ہر ایک کی طرف اشارہ کیا اور ہم لوگ اُن کی اس قدر شناسی سے محظوظ ہوئے۔ چلتے وقت انھوں نے ایک آہ سرد بھر کر یہ دوسرا شعر پڑھا:

ابن مریم ہوا کرے کوئی! میرے دُکھ کی دوا کرے کوئی!

اُس وقت میرے فرشتوں کو بھی خبر نہ تھی کہ میری ذرا سی لن ترانی مجھ پر کیا قہر آسمانی توڑنے والی ہے۔

دوسرے روز ٹھیک سے سویرا بھی نہ ہونے پایا تھا کہ مرزا صاحب نے آ کر میرے بر وٹھے میں بانگ دی۔ میں گھبرا کر باہر نکلا تو انھوں نے یہ مژدۂ جانفزا بلکہ معدہ کشا سنایا کہ۔

"آج شام کو کھانا میرے ہی ساتھ کھانا"۔

میں بھونچکا رہ گیا کیونکہ مرزا صاحب دعوتوں کے عاشق زار تھے لیکن یک طرفہ یعنی خود اپنے گھر دعوت کرنا وہ ایک قسم کا چھچھورپن اور اعتراف شکست سمجھتے ـــــ لہٰذا اس بد پرہیزی سے ہمیشہ گریز کرتے ہیں۔ میں نے مزید تصدیق کے لئے ایک مہمل سا سوال کیا۔

"یعنی آج شام کو آپ کے ساتھ آپ کے گھر پر کھانا کھاؤں؟"

کچھ بگڑ کر بولے۔

"اور میں آپ سے کہہ کیا رہا ہوں برخوردار!"

قصہ مختصر میں نے شام کو مرزا صاحب کے ساتھ ایک پُر تکلف دعوت کھائی اور جب گھر جانے کے لئے اُٹھنے لگا تو

"ذرا ایک بات تو سُننا" ـــ کہہ کر وہ مجھے زنانخانے کی ڈیوڑھی تک لے گئے اور

وہاں ایک پردے کو مخاطب کر کے بولے

"لو اب جو کچھ کہنا ہے تم خود ہی کہہ لو"

پردے سے دفعتاً ایک بھرائی ہوئی آواز آنا شروع ہو گئی اور شاید دو گھنٹوں تک آتی رہی۔ مرزا صاحب کی بیوی نے اپنی کسی کمزوری کے لمحے میں مجھے اپنا منہ بولا بھائی بنا لیا تھا۔ اس وقت میری منہ بولی بہن نے مجھ سے جو کچھ کہا اُس کا ایک تسلسل سے بیان کرنا نہ صرف بہت مشکل بلکہ قطعاً ناممکن ہے بہر حال اس کا ماحصل کچھ اس قسم کا تھا کہ اُن کا بڑا لڑکا بشیر بیگ شاہجہاں پور کے ایک اسکول میں ملازم ہے اور چونکہ وہاں اُس کی سسرال بھی ہے۔ لہٰذا وہ اپنی سسرال ہی میں رہتا ہے۔ اُس کی سسرال کے افراد انتہائی شریر۔ پاجی، فتنہ پرداز بلکہ قاتل اور ڈاکو قسم کے لوگ ہیں اور اُسے اپنے ماں باپ کے خلاف ہمیشہ اُکساتے رہتے ہیں۔ اب بریلی کے ایک سکول میں ایک مدرس کی جگہ خالی ہوئی ہے اور بشیر بیگ نے اس کے لیے اپنی درخواست بھیجی ہے۔ اس اسکول کے منیجر میرے پرانے ساتھی کے، جو حال ہی میں ایک عہدہ جلیلہ پر فائز ہوئے ہیں، بالکل ہی چنگل میں ہیں۔ لہٰذا اگر میں زور لگاؤں تو بشیر بیگ شاہجہانپور سے بریلی پہنچ سکتے ہیں اور اپنی سسرال کے وحشیانہ اثرات سے دُور ہو کر شاید پھر جامۂ انسانیت میں آسکتے ہیں۔ یہ چھوٹی سی بات آخر بات ہی کیا تھی؟ میں نے بڑے زوروں سے حامی بھر لی کہ میں اپنے پرانے ساتھی سے چٹکی بجاتے بشیر بیگ کو شاہجہاں پور سے بریلی منتقل کرا دوں گا اور ہو سکا تو اُس کے سسرال والوں کی تھوڑی سی گوشمالی بھی کرا دوں گا۔ گھر لوٹ کر میں نے پہلا کام یہی کیا کہ اپنے پرانے ساتھی کو اپنے پرانے تعلقات کا واسطہ دے کر متنبہ کر دیا کہ میں آئندہ سنیچر کو ایک بہت ہی ضروری کام کے سلسلے میں اس سے ملنے آ رہا ہوں۔

مجھے اپنے دوست کا کوئی جواب نہیں ملا لیکن میں نے سوچا کہ پرانے ساتھیوں کے

درمیان خط کا جواب دینے کی خیریت اور تکلف کا کیا دخل؟ ہو سکتا ہے کہ جواب نہ آئے لیکن مجھے لینے اسٹیشن پہ موٹر آئے۔ اسٹیشن پر اترا تو موٹریں تو بہت نظر آئیں لیکن صرف دیکھنے کے لئے۔ سوچا کہ میرے ساتھی کی نئی موٹر کا نیا ڈرائیور بھلا مجھے کیا پہچانتا ہو گا مجبوراً ایک بوسیدہ یکّے پر قناعت کر کے مجھے اپنے ساتھی کی کوٹھی کی طرف روانہ ہونا پڑا۔

کوٹھی پر دوپہر کے قریب پہنچا تو معلوم ہوا کہ میرے ساتھی جو رات کو کسی کونسل کی صدارت کرنے بیٹھ گئے تھے ابھی تک جاگے نہیں ہیں۔ بہت سے اردلی ادھر اُدھر بھٹک رہے تھے جب کسی ایک سے کچھ کہتا تو وہ مجھے کسی دوسرے کی طرف اشارہ کر دیتا بہت دیر تک اس طرح شٹل کاک بننے کے بعد جمعدار اردلی سے شرفِ نیاز حاصل ہوا اور بمشکل تمام اس کی بڑی خوشامد درآمد سے پتہ چلا کہ اب "بڑے صاحب" ڈھائی بجے سے پہلے نہ جاگ سکیں گے اور اس کے بعد چونکہ انھیں ایک ناری نکیتن کا اُدھ گھاٹن کرنے جانا ہے لہٰذا آج وہ کسی سے نہیں مل سکتے۔ میں نے "بڑے صاحب" سے اپنے بڑے پرانے تعلقات جتائے لیکن وہ اردلی بالکل نہ پسیجا بلکہ کچھ اس انداز سے مسکرایا جیسے ایسی بے سرو پا داستانیں اُس نے بہت سی سنی ہوں۔ میں نے اس کو پان کھلایا، سگریٹ پلائی اُس کے بچوں کی خیریت پوچھی لیکن عجیب فولادی دل وہ بارغ پایا تھا اُس ناشدنی نے۔ میں جتنا رفیقۂ خطلی بنتا جاتا اُتنا ہی اس کا لہجہ سخت اور کرخت ہوتا جاتا ______

______ یقیناً اس کے آباو اجداد بڑے ستم آرا معشوقوں کے لٹھ باز دربان رہے ہوں گے اور بالآخر جب نوبت یہاں تک پہونچی کہ میں اپنے جدِّ امجد حضرت آدم کی سنت سے نکل ہی ہم کنار ہونے لگا تو مجبوراً میں ؏

زر بر سرِ فولاد نہی نرم شود

کے زرّیں مقولے پر عمل پیرا ہُوا یعنی جیب سے مبلغ دو روپے نکال کر جمعدار صاحب کو

پیش کردیئے۔ انھوں نے انتہائی حقارت سے یہ حقیر رقم قبول کرلی اور پھر بڑے تجاہل عارفانہ سے فرمایا۔

"اگر آپ تین بجے آجائیے تو ممکن ہے کہ بڑے صاحب آپ سے مل لیں۔"

مئی کے مہینے میں جب کہ آگ برس رہی ہو اور لُو کے جھکڑ آتش کدۂ دوزخ سے بھاگی ہوئی ارواحِ خبیثہ کی طرح کبڈی کھیل رہے ہوں۔ تین بجے دوپہر غالباً کسی بھلے یا بُرے آدمی سے نہیں بلکہ ملک الموت ہی سے ملنے کا مناسب وقت ہوسکتا ہے لیکن غرض مند باؤلا۔ جلا بُھنا اپنے ساتھی کی کوٹھی پر پھر پہنچا اور برآمدے کے خس خانے میں بیٹھکر دوچار دوسرے منتظرانِ دید کی طرح ایک کُرسی پر بیٹھ کر کچھ دیر ہانپنے اور پسینہ پوچھنے کے بعد اُونگھنے لگا۔ میرا ہونے والا محسن جمعدار ایک طرف گدے دار بنچ پر لیٹا خرّاٹے بھر رہا تھا۔ باقی اردلی بھی اِدھر اُدھر دبکے پڑے تھے۔ میرے دل میں ایک لمحہ کے لیے یہ لغو تمنا بھی پیدا ہوئی کہ کاش یہ جمعدار بھی میرا ہم جماعت ہوتا۔ لیکن میں اُونھ کہہ کر پھر اونگھنے میں مصروف ہوگیا۔

نہیں معلوم کتنی دیر بعد جمعدار نے مجھے جھنجھوڑا کہ چلئے آپ کا نمبر آگیا۔ میں ہڑبڑا کر اس کے پیچھے چلا اور دو تین کمروں سے گزر کر ایک بڑے کشادہ روشن اور خس پوش کمرے میں اپنے ساتھی کے حضور میں پیش کردیا گیا۔ ایک گنجا گول مٹول آدمی ایک صوفے پر پلتھی مارے بیٹھا تھا اور اس کے سامنے چھوٹی سی میز پر سینی میں ایک بڑا سا کٹا ہوا تربوز رکھا ہوا تھا جسے وہ بڑی بے تکلفی سے چھری سے کاٹ رہا تھا اور بڑے بڑے لال گودے تو چل میں آیا کے انداز سے اپنے منہ میں رکھتا جاتا تھا۔ شاید بڑے آدمیوں کے بڑکپن کی یہ بھی ایک نشانی ہے کہ وہ غیر متوقع اور بے موقع کام کرتے رہتے ہیں اور اس سلسلے میں ان سے کسی قسم کی کوئی بازپرس نہیں کی جاسکتی۔

میرے سلام کا سرسری ہوائی جواب دیتے ہوئے اور مجھے اپنے سامنے ایک

کرسی پر بیٹھ جانے کا اشارہ کرتے ہوئے بڑے آدمی نے دفعتاً پوچھا۔

"یہ تربوز آپ لائے ہیں۔"

"جی نہیں۔"

"کہاں کا ہے یہ تربوز۔"

"مجھے نہیں معلوم۔"

"دیکھیے اس کا چھلکا بہت موٹا ہے اور گودا بھی کچھ ایسا لال نہیں ہے۔"

"جی ہاں۔"

"تو آپ کے کھیت کا ہے یہ تربوز۔"

"جی نہیں۔"

"کس قیمت پر بکتا ہے یہ بازار میں۔"

"مجھے نہیں معلوم۔"

"مجھے تربوز بہت پسند ہے لیکن میٹھا اور لال گودے کا۔ بعض اوقات بڑے تربوزوں کے بجائے یہ چھوٹے تربوز بھی بڑے مزے کے نکل آتے ہیں۔"

میں چھوٹے تربوز کو بڑے تربوز یعنی بڑے آدمی کی توند میں منتقل ہوتے دیکھتا اور بڑے آدمی کی بکواس بڑے صبر و استقلال سے سنتا رہا۔ غالباً بڑے آدمیوں کے بڑکپن کی یہ بھی ایک علامت ہے کہ وہ اپنی کہتے ہیں اور دوسروں کی نہیں سنتے۔ تربوز کی دبازت۔ لطافت۔ بلکہ نجابت اور تربوز کی پیداوار بڑھانے کے لئے سرکاری اعانت اور قومی کفالت پر بڑے آدمی نے ایک انتہائی مہمل اور متزلزل لیکن بہت مسلسل لکچر دیا جس کو میں تربوز کے پیدا کردہ نفخ پر محمول کر کے انتہائی تحمل سے سنتا رہا۔ آخر جب بڑا آدمی تربوز کھاتے کھاتے تھک گیا اور اس کے اشارے پر ایک ملازم اس کے سامنے سے تربوز کی میز ہٹالے گیا تو بڑے آدمی نے پہلو بدل کے

اور بڑے تربوز یعنی اپنی توند کو ایک طرف صوفے پر گھسیٹ کر اور ایک بے ساختہ لیکن بہت طویل اور مشرح ڈکار لیتے ہوئے فرمایا۔

"میں بدیسی دوائیں کھانے سے دیسی تربوز کھانا بہتر سمجھتا ہوں۔"

میں نے اس بے ہودہ اور بے معنی جملے سے کچھ مطلب پیدا کرنے کی ایک سعیٔ لاحاصل کی۔

"جی ہاں تربوز کھانا گویا قدرتی زندگی بسر کرنا ہے۔ اور قدرتی زندگی بسر کرنے سے دوائیں خصوصاً بدیسی دوائیں استعمال کرنے کی کوئی حاجت باقی نہیں رہتی۔"

وہ کچھ بگڑ کر اور دوسری ڈکار کی تیاریاں کرتے ہوئے بولے "لیکن میں قدرتی زندگی بسر کرنا قومی مفاد کے خلاف سمجھتا ہوں۔"

اور مجھے فوراً یاد آ گیا کہ میں بحث کرنے نہیں بلکہ مرزا صاحب کے ناخلف صاحبزادے کو بریلی بھجوانے آیا ہوں۔ لہٰذا پہلو بچا گیا۔

"بالکل درست اور پاکیزہ خیال ہے آپ کا۔"

"اچھا میں آپ سے پھر لوں گا۔"

"بڑے آدمی نے صوفے پر کچھ اندرونی بےچینی سے پہلو بدلا۔

"آپ نے پہچانا مجھے؟" میں نے اٹھ کر چلے آنے کے بجائے بیٹھے ہی بیٹھے ضرورت مندانہ بے غیرتی سے پوچھا۔

"پہچانا کیوں نہیں کہیں دیکھا ہے آپ کو۔" ـــــ وہ میری صورت سے بیزار ہوتے ہوئے بولے۔

"میں آپ کے ساتھ آٹھویں درجے میں پڑھا کرتا تھا۔"

"کہاں تھا وہ درجہ"

"گنیش پور میں"

"گنیش پور میں؟ اچھا یاد آگیا۔ تو آپ کا نام بھوپو بھاشکر ہے؟"

"بھوپو بھاشکر یعنی بھوپیندر ناتھ بھاسکر تو ہمارے ہیڈ ماسٹر تھے۔"

"تو آپ چُنّے رام تو نہیں؟"

"چُنّے رام تو گھنٹا بجاتا تھا۔ میں ہوں تہذیب!"

"تربوز؟"

"تہذیب الدین" میں نے انتہائی وضاحت سے عرض کیا۔

"اچھا تو میں آپ کی کیا سیوا کر سکتا ہوں۔ شری.... تہ.... تہ.... تہبوز میرا مطلب ہے تربوز۔"

میرا خون کھول گیا لیکن میں تہذیب اور تربوز کی بحث میں نہیں پڑا۔ میں سمجھ گیا کہ اس بڑے آدمی کے اندر تربوز تو ہے لیکن تہذیب ہرگز نہیں۔ لہٰذا وقت ضائع کئے بغیر نفسِ معاملہ پر آگیا۔

"میں چاہتا ہوں کہ آپ میرے بھانجے بشیر بیگ کو بریلی اسکول میں نوکر رکھا دیں۔"

"اچھا اچھا۔ میں خود کروں گا۔ ہو جائے گا آپ کا کام۔ بریلی۔ خوب یاد آیا۔ کچھ دنوں میں میں جانے والا بھی ہوں بریلی! آپ میری روانگی کے وقت اسٹیشن پہ ایک دفعہ پھر یاد دلا دیجئے گا مجھ کو۔ اچھا پھر رخصت!"

میں کمرے سے نکل آیا اور جمعدار کو ایک روپیہ مزید نذرانہ دے کر یہ بھی معلوم کر لیا کہ آئندہ اتوار چھوڑ کر اس سے اگلے اتوار کو بڑا آدمی بریلی جائے گا۔ گھر پہنچ کر میں نے مرزا صاحب کو تربوز کی تفصیلات کے علاوہ بڑے آدمی سے اپنی ملاقات کے دوسرے حالات دروغِ مصلحت آمیز کے ساتھ سنائے تو بہت خوش ہوئے اور میری پیٹھ ٹھونک کر کہا۔

"ابھی کیا ہے اب تو بشیر بیگ اپنے اسکول کا ہیڈ ماسٹر بنے گا۔ اسٹیشن پر

اپنے ساتھی کی یاد دہانی کرنے چلنا تو مجھے بھی شامل سل کر لینا۔ میں اپنے ساتھ سندیلہ کے خاص لخاص لڈوؤں کی دو ہانڈیاں بھی لیتا چلوں گا۔ لکھنؤ سے بریلی تک یہ لڈو تمہارے ساتھی کے کام و دہن اور معدے پر جانداری کرتے رہیں گے اور پھر ان کی معطر ڈکاروں کی فضا میں اگر وہ کوشش بھی کریں گے تو کبھی بشیر بیگ کا کام بھول نہ سکیں گے۔"

ساڑھے سات بجے گاڑی چھوٹتی تھی لیکن مقررہ اتوار کو مرزا صاحب کی حماقت اور بے صبری کی وجہ سے ہم لوگ سندیلہ کے لڈوؤں کی ہانڈیوں کے ساتھ پانچ ہی بجے پلیٹ فارم پر پہنچ گئے۔ سوا سات بجے کے قریب بڑا آدمی بہت سے لوگوں کے غول میں گھرا ہوا نمودار ہوا۔ وہ چلتا بھی جاتا اور چو مکھی لوگوں سے باتیں بھی کرتا جاتا اور اسی شان سے بڑھتا اپنے ڈبے کے سامنے آکر رک گیا اور اس کے لواحقین اس کے سامنے اسے گھیرتے ہوئے ایک نصف دائرہ بنا کر کھڑے ہو گئے میں نے اس دائرے کے اندر کئی دفعہ گھسنے کی کوشش کی لیکن کامیابی نہیں ہوئی۔ گاڑی چھٹنے کا وقت قریب آتا جاتا اور میری اور مجھ سے زیادہ مرزا صاحب کی بدحواسی بڑھتی جاتی بالآخر مرزا صاحب نے مجھے ایک بھرپور دھکا دیا اور میں کسی جملۂ معترضہ کی طرح گھس ہی تو پڑا اس حلقۂ مخصوصین میں۔ میری صورت دیکھتے ہی بڑے آدمی نے ڈپٹا...... "تم پھر آ گئے۔ پچاس بار کہہ دیا تم سے کہ تمہارے بل کی ادائیگی نہیں ہو سکتی نہیں ہو سکتی۔ میں جو کچھ کہہ دیتا ہوں میرے لئے وہ پتھر کی لکیر ہو جایا کرتا ہے۔"

"بل؟ میرا کوئی بل نہیں" میں ہکلایا۔

"تم نے پہلے بھی سارا کام چوپٹ کر دیا تھا لیکن تمہاری خوشامد در آمد سے تم پر رحم کھا کر میں نے تمہارا وہ بل ادا کرا دیا تھا لیکن اس مرتبہ تو تم نے انتہائی بوسیدہ اور گھٹیا تار لگا کر ساری کوٹھی کا ستیاناس کر دیا ہے۔ ایک صاحب سے جو غالباً

پرائیوٹ سکریٹری تھے مخاطب ہوکر) دیکھئے ان کے بل کی ادائیگی ہرگز نہیں ہوگی۔ ان کا لگایا ہوا تار فوراً نکلوا دیا جائے اور میری بریلی سے واپسی سے قبل دوسرا تار ضرور لگ جائے۔ لیکن اس کا ٹھیکہ ان کو ہرگز ہرگز نہ دیا جائے"

"میں آپ سے دس روز ہوئے جب ملا تھا۔۔۔ بشیر بیگ۔۔۔۔۔ بریلی"

"ہاں ہاں تم مجھ سے تو پچاس بار ملے ہو لیکن اس سے کیا ہوتا ہے۔ آئندہ مجھ سے ملنے کی ہرگز کوشش نہ کرنا (دیگر حاضرین سے مخاطب ہوکر) ذرا آپ کی ہمت تو ملاحظہ فرمایئے آپ بریلی میں ٹھیکہ لینا چاہتے ہیں اور میری سفارش پر!"

مجھے اپنے چاروں طرف کئی قہقہے سنائی پڑے۔ کسی نے کہا "چکنا گھڑا" اور ایک آواز سنائی پڑی "چوری اور سینہ زوری" کسی نے گلا صاف کیا "آپ کی صورت تو دیکھا ہوا ہے"

"میں ٹھیکیدار نہیں ہوں۔ میرا نام ہے تہذیب!" میں روہانسا ہوکر منہ بسورتا ہوا چیخا۔

"تربوز؟" بڑا آدمی چونکا

"تہذیب آپ نے فرمایا تھا کہ بریلی جاتے وقت۔۔۔۔"

"اچھا تو وہ تربوز آپ ہی لائے تھے؟ انتہائی ثقیل تھا وہ کمبخت" گاڑی نے سیٹی دی اور بڑا آدمی مجھے قہر آلود نگاہوں سے دیکھتا ہوا اپنے کمپارٹمنٹ کے دروازے میں جاکر کھڑا ہوگیا۔ اس کے لواحقین نے اپنے گھیرے کا رُخ موڑ کر مجھے پس پشت ڈال دیا۔۔۔۔۔۔

۔۔۔۔۔۔ گاڑی چھوٹ گئی۔ کیا میرا پرانا ساتھی بریلی پاگل خانے میں بھرتی ہونے جا رہا تھا؟ پورا تربوز ہی ہے یہ گول گپا۔۔۔۔۔ میرے ان اقسام کے خیالات کا تسلسل اپنے پیچھے دو پٹاخوں کی طرح کی آوازوں سے منتشر ہوگیا۔ میں نے

مڑ کر دیکھا تو مرزا صاحب لڈوؤں کی دونوں ہانڈیاں پٹخنے کے بعد مجھے کچھ ناقابل اشاعت باتیں کہتے ہوئے پلیٹ فارم سے واک آؤٹ کر رہے تھے۔

اب میں خود تو کسی بڑے آدمی کا تذکرہ نہیں کرتا بلکہ اگر میرے سامنے کسی بڑے آدمی کا ذکر چھڑ جاتا ہے تو میں غیر ضروری طور سے خواہ مخواہ اپنے حاضرین کو یہ یقین دلانے کی کوشش کرنے لگتا ہوں کہ اس سے میرا کوئی دور کا بھی واسطہ نہیں۔ اسی کو غالباً چڑھ بھی کہتے ہیں ؎

شرماجی اور امتحان عشق

کندی لال شرما نے اپنی ساری زندگی تحصیل علم بلکہ تحصیل علم کے متعلق نئے نئے تجربات کرنے کے لیے وقف کر دی تھی جس ڈگری کالج میں وہ زیر تعلیم تھے وہاں انھیں اتنا زمانہ گزر چکا تھا کہ اب بہت سے لوگوں کو یہ بھی نہیں یاد تھا کہ کالج کا سنگ بنیاد پہلے رکھا گیا تھا یا شرماجی نے اس میں داخلہ پہلے لیا تھا بلکہ کچھ لوگ جو غلط مبحث کے عادی تھے یہ بھی سمجھتے کہ کالج کا سنگ بنیاد شرماجی ہی نے رکھا تھا۔

پرنسپل یا کسی پروفیسر کو کالج کے متعلق کوئی بہت پرانی بات دریافت کرنا ہوتی تو وہ شرماجی ہی سے پوچھی جاتی مثلاً اگر کسی کو معلوم کرنا ہوتا کہ کالج کا گھنٹہ گھر کب بنا تو وہ کالج کے بہت پرانے دیمک زدہ کاغذات سے سر مغزی کرنے کے بجائے شرماجی سے پوچھ لیتا اور وہ بلا تکلف بتا دیتے کہ فلاں سن میں جب مسٹر چیٹر جی پرنسپل تھے تب گھنٹہ گھر کی عمارت بننا شروع ہوئی اور اس کے دو سال بعد جب مسٹر ٹیکر پرنسپل ہوئے تب اس میں گھڑی لگی تھی۔ لائبریری کی عمارت اس سے ایک سال پہلے تعمیر ہو چکی تھی اور سائنس ڈیپارٹمنٹ کا بایاں بازو اس کے دو سال بعد بنا تھا جس کا سنگ بنیاد گھمنڈی داس وزیر تعلیم نے رکھا تھا۔ اور گھنٹہ گھر کی گھڑی جب پہلے پہل غلط

وقت دیتی تھی تو اس کے خلاف شرما جی نے کالج کی تاریخ میں جو سب سے پہلی ہڑتال کرائی تھی وہ ضرورت سے زیادہ کامیاب رہی تھی وغیرہ وغیرہ۔

ماہرین تعلیم تو اب اس نتیجے پر پہنچے ہیں کہ ہمارا نصاب تعلیم بہت ناقص اور ناکارہ ہے۔ لیکن ہمارے شرما جی اس نتیجے پر اب سے ایک چوتھائی صدی قبل پہنچ چکے تھے۔ چنانچہ انھوں نے اپنی جولانی طبع کے لیے نصاب تعلیم کے تنگ و تاریک میدان کے بجائے دوسرے روشن اور پُر فضا میدان منتخب کیے تھے۔ مثلاً الکشن، ہڑتال، مرن برت، جلوس، جلسہ، ڈراما، مشاعرہ، فینسی ڈریس، سینما غل غپاڑہ، گپ شپ، وغیرہ وغیرہ اور ان میدانوں سے انھوں نے جو تجربات اور پختہ کاری حاصل کی تھی وہ محدود نصاب تعلیم سے سات جنم میں بھی نہیں سیکھ سکتے تھے۔

میدان کا کوئی کھیل شرما جی نے کبھی نہیں کھیلا تھا لیکن کالج کی ہر ٹیم میں بارھواں نام شرما جی کا ضرور رکھا جاتا۔ شرما جی کے ساتھ کالج کی ٹیم جہاں بھی جاتی وہاں ٹورنامنٹ کے منتظمین سے یا ریفری اور امپائر سے یا مخالف ٹیم سے کوئی جھگڑا اور فساد ضرور ہو جاتا اور ایسی صورت میں موقع واردات پر شرما جی کی موجودگی اور ربط دواتی ٹیم کے لیے ایک نعمت غیر مترقبہ ثابت ہوتی۔ یہ جھگڑے اور فساد زیادہ بڑھے تو ذمہ داران کالج نے ٹیم کا باہر بھیجنا موقوف کر دیا لیکن پھر جب یہ جھگڑے اور فساد زیادہ مہلک صورت میں خود کالج میں رونما ہونا شروع ہو گئے تو ذمہ داران کالج کو اپنے فیصلے پر نظر ثانی کرنا پڑی اور وہ شرما جی کی سرگرمی میں کالج ٹیم کو زیادہ سے زیادہ تر کالج سے باہر ہی رکھنے کی کوششیں کرنے لگے۔

کالج کے ہر اس عہدے پر جس پر کہ کوئی طالب علم منتخب ہو سکتا تھا شرما جی دو دو تین تین مرتبہ فائز ہو چکنے کے بعد اب خود الکشن لڑنے سے تائب ہو چکے تھے۔

ایک خبر یہ بھی تھی کہ وہ کسی سنگین انتخابی بدعنوانی کی پاداش میں کسی بھی انتخاب میں امیدوار ہونے سے دائمی طور پر محروم کیے جا چکے تھے لیکن بہر حال الکشن بازی ان کا محبوب ترین مشغلہ تھا اور جس امیدوار کی امداد پر وہ کمربستہ ہو جاتے وہ سو فی صدی ضرور جیت جاتا ورنہ الکشن میں دھاندلی اور بلوہ ہو جاتا اور پھر ہڑتالیں شروع ہو جاتیں اور بالآخر پچھلا الکشن رد کر دیا جاتا اور نیا الکشن شروع ہو جاتا۔ فن الکشن بازی میں انھیں وہ مہارت تامہ حاصل تھی کہ اکثر دوسرے کالجوں کے الکشن کے موقعوں پر ان کی خدمات معقول معاوضوں پر بھی حاصل کی جاتیں۔ ایک دفعہ کسی کالج کے طلبا نے ایک مرن برت کے لیے شرما جی کی خدمات یومیہ کرائے پر بھی حاصل کی تھیں! خود اپنے کالج میں بات بات پر اسٹرائک کرا دینا یا مرن برت رکھا دینا یا رکھ ڈالنا شرما جی کے بائیں ہاتھ کا کھیل تھا۔ کالج کے اساتذہ ان کی صورت دیکھ کر کانپتے تھے۔ چنانچہ بظاہر وہ ان سے دوستانہ تعلقات پیدا کرنے کی کوشش کرتے لیکن دل ہی دل میں فریاد کرتے کہ خداوندا وہ مبارک اور مسعود دن کب آئے گا جب اس بلائے بے درماں یعنی اس شرما کے پنجے سے کالج پاک ہو جائے گا۔

شرما جی ایک دو مرتبہ نہیں بلکہ سات آٹھ مرتبہ کالج سے نکالے جا چکے تھے لیکن اس سے کالج میں اسٹرائک، ہڑتال، مرن برت، ہائے ہائے اور انقلاب زندہ باد کی وہ آندھیاں اور طوفان اٹھتے کہ کالج کی بنیادیں متزلزل ہو جاتیں اور آدم کے جنت سے نکالے جانے کا ہنگامہ ایک داستانِ پارینہ معلوم ہونے لگتا۔ بہت جلد نکالنے والوں کو خود اپنے نکالے جانے کا اندیشہ لاحق ہو جاتا اور وہ شرما جی کو واپس بلا کر ان کی خوشامد کرنا شروع کر دیتے۔

شرما جی طریقۂ تعلیم کے بنیادی مسائل میں کچھ اس طرح الجھے رہتے کہ انھیں کورس کی کتابوں پر توجہ کرنے کا موقع ہی نہیں ملتا بلکہ اکثر چونکہ کورس کی نئی کتابیں

اُن کے مشورے کے بغیر تبدیل کر دی جاتیں لہٰذا وہ ان کے ناموں سے بھی غیر مانوس رہتے۔ لیکن اس کے باوجود اگر دنیا میں واقعی صحیح قدر شناسی ہوتی تو وہ بی اے (فائنل) میں سات سال فیل کیے جانے کے بجائے خود اپنے کالج کے پرنسپل ضرور بنا دیے گئے ہوتے۔

قدرت کو بھی شاید یہی منظور تھا کہ شرما جی ایک سدا بہار طالب علم بنے رہیں۔ اپنے ہلکے پھلکے چھوٹے ڈیل ڈول، بڑی بڑی معصوم آنکھوں اور داڑھی مونچھوں سے مستغنی چہرے کی بنا پر انھوں نے کچھ ایسا حلیہ پایا تھا کہ اُن کی عمر پچیس سال سے سینتالیس سال کے اندر کچھ بھی بتائی جا سکتی اور خواہ وہ اپنے سابق ہم جماعت استادوں کے ساتھ ہوں اور خواہ وہ اپنے اُن نوخیز ہم جماعت بچوں کے ساتھ ہوں کہ جن کے والد بھی ان کے ہم جماعت رہ چکے تھے وہ کہیں بے جوڑ یا بے تکے نہیں معلوم ہوتے۔

یوں تو شرما جی بڑے پُرجوش، ہنگامہ خیز اور باغ و بہار طبیعت کے انسان تھے لیکن ان کی وضع قطع انتہائی سادہ اور بے تکلف تھی۔ ہمیشہ کھدر کا کرتا پائجامہ اور چپل پہنتے۔ سردیاں ہوتیں تو اس لباس میں ایک بنڈی کا اضافہ کر لیتے۔ نہ انھوں نے کبھی ٹوپی پہنی اور نہ کبھی اپنے بڑے بڑے پریشان بالوں کو تیل یا کنگھے کا شرمندۂ احسان کیا۔ البتہ جب وہ کوئی فلسفیانہ گفتگو کرتے تو اپنی پتلی نازک انگلیوں سے اپنے بال اوپر کھینچ کر ان میں کچھ ضبط و نظم پیدا کر لیتے۔ کھانے کے معاملے میں شرما جی انتہائی آزاد خیال، بد پرہیز اور گڑبڑ جھالا قسم کے انسان واقع ہوئے تھے۔ پان کھانے کے وہ بڑے شوقین تھے اور غالباً اس سے بھی زیادہ سگریٹ پھونکنے کے لیکن زندگی کا بہت بڑا حصہ اس کام میں صرف کرنے کے باوجود وہ اس میں بڑے ناتجربہ کار سے تھے۔ پیک کے دھبوں سے داغدار کپڑوں میں وہ ہمیشہ ایک لالہ زار بنے رہتے۔

شرما جی نے آزاد خیالی، زندہ دلی اور بے راہ روی کی بڑی منزلیں طے کی تھیں

لیکن انھوں نے کبھی کوچۂ عشق میں اپنے نام کا پتھر گوانے کی کوشش نہیں کی تھی مطلب یہ کہ اس سلسلے میں مصری کی مکھی بھلے ہی بنے ہوں کبھی شہد کی مکھی نہیں بنے تھے۔ وہ ہر عورت کا بڑا احترام کرتے اور کالج میں پڑھنے والی لڑکیوں کو تو وہ اپنی سگی بہنوں سے کم نہ سمجھتے اور ان سب کے بلا شرکت غیرے خود ساختہ سرپرست بنے رہتے۔ ہر لڑکی کو ان کی نیک نیتی پر پورا اعتماد تھا اور غالباً یہی وجہ تھی کہ اُن کی ہر چلائی ہوئی تحریک میں یہ لڑکیاں نمایاں حصہ لیتیں اور اُن کو پیار سے شرما جی کے بجائے شرا بھائی کہا کرتیں۔ دراصل نہ تو شرما جی ضرورت سے زیادہ شریف النفس تھے اور نہ ان کے فطری تقاضے ہی کند تھے بلکہ وہ عورتوں کے معاملے میں کچھ پیدائشی جھینپو واقع ہوئے تھے اور مرد وں کے مقابلے کا یہ شیر کسی عورت کو دیکھتے ہی بھیگی بلی بن جایا کرتا۔

شرما جی مجھ پر خاص طور سے مہربان تھے اور مجھ سے ہمیشہ انتہائی محبت خلوص اور بے تکلفی سے ملتے۔ سچ پوچھیے تو ان کی یہ دوستی مجھے ورثے میں ملی تھی۔ شرما جی کسی پرائمری اسکول میں نہ صرف والد صاحب کے ہم جماعت بلکہ خاص دوستوں میں تھے اور اگرچہ مدت ہوئی ان دونوں کا اسکول کا ساتھ چھوٹ گیا تھا والد صاحب بیس سال سے وکالت کر رہے تھے لیکن دوستی میں کوئی فرق نہ آیا تھا۔ شرما جی یوں تو مجھ سے بحیثیت ایک دوست کے ملتے لیکن جب انھیں مجھ پر کوئی خاص حکم چلانا مقصود ہوتا تو فوراً چچا بن جاتے اور ڈپٹ کر فرماتے :۔

"کیوں بے بھتیجے! اپنے حقیقی چچا سے یہ نافرمانی؟ ع

کبھی ہم بھی چچا تھے جو اپنے چچا کے بھتیجے ہمارے چچا ہو رہے ہیں"

اور میں اپنے "حقیقی چچا" کے سامنے سرِ تسلیم خم کر دینے پر مجبور ہو جاتا! مجھے بھی جب اُن سے کوئی خاص کام لینا مقصود ہوتا تو میں ان کو اپنا چچا ہونا یاد

دلا دیتا اور وہ لاجواب ہو جاتے۔

ایک مرتبہ دسمبر کی بڑی چھٹیوں کے بعد شام کو گھر سے ہاسٹل واپس آیا اور اپنے کمرے میں اسباب رکھنے کے بعد فوراً شرما جی کے کمرے پر سلام کرنے پہنچا تو دیکھا کہ دروازے میں قفل پڑا ہوا ہے لیکن اندر بجلی جل رہی ہے۔ ایک دروازے سے جھانکا تو دیکھا کہ فرش پر بہت سی کتابوں کے درمیان شرما جی اکڑوں بیٹھے ہوئے کچھ بُدبُدا رہے ہیں۔ میں نے دروازہ کھٹکھٹایا تو زور سے گرجے "پڑھ رہا ہوں، مخل مت ہو!" میں نے کہا" میں ہوں آپ کا بھتیجا!" شرما جی کا دل فوراً پسیج گیا اور انھوں نے دوسرا دروازہ جو اندر سے بند تھا کھول دیا۔ میں نے کہا "چچا یہ کیا؟" کہنے لگے "ایک دروازہ باہر سے مقفل کر دیتا ہوں اور دوسرا اندر سے بند کر لیتا ہوں تاکہ پڑھائی میں کوئی مخل نہ ہو سکے!!"

میں نے کہا "پڑھائی؟ یہ پڑھائی کی بدپرہیزی آپ نے کب سے شروع کر دی؟ نصیب دشمناں یہ مرض اس سے پہلے تو آپ کو کبھی لاحق نہیں ہوا تھا؟ آپ تو چھپے رستم نکلے!"

ہنسنے لگے "کچھ نہیں یوں ہی! سوچا اس سال کچھ پڑھ ہی ڈالوں۔ امتحان تو بہرحال کبھی نہ کبھی پاس کرنا ہی ہے!"

شرما جی کے کمرے کا جغرافیہ بالکل ہی بدلا ہوا تھا۔ کرسی، میز اور پلنگ کمرے میں ایک طرف کنارے دیوار سے کچھ اس طرح لگا دیے گئے تھے جیسے وہ ناقابل استعمال ہو چکے ہوں۔ بیچ کمرے میں چٹائی پر دری کا فرش تھا اور اس پر ہر طرف کتابوں اور کابیوں کے انبار لگے ہوئے تھے۔ جاسوسی ناولیں اور فلمی رسالے جو عام طور سے شرما جی کے زیرِ مطالعہ رہتے اور جن کا ہاسٹل بھر کا ذخیرہ ان کے پاس جمع

رہتا، سُتلی سے بندھے ہوئے دو بڑے بڑے بنڈلوں میں منتقل ہو کر بینر کے نیچے کچھ اس انداز سے رکھے ہوئے تھے جیسے پنساری کی دوکان پر جانے کا بے چینی سے انتظار کر رہے ہوں۔ کمرے کے شوخ اور طرح دار کلنڈر بھی غالباً انھیں بنڈلوں میں باندھے جا چکے تھے اور دیواروں پر صرف ایک کرشن جی کی تصویر باقی رہ گئی تھی جس میں وہ ایک ایسے والہانہ انداز سے بانسری بجا رہے تھے کہ اس کی آواز کانوں کو نہیں بلکہ دل کو محسوس ہوتی۔ دیوار میں بنی ہوئی الماری پر خلاف توقع ایک تیل کی شیشی ایک آئینہ اور کنگھا بھی نظر آ رہا تھا۔ کمرے میں سابقہ بدنظمیوں اور افراتفری کا کوئی نشان نہیں تھا۔ کپڑے، چپل، لوٹا، مسواک اور دوسری چیزیں اپنی مناسب جگہوں پر رکھی ہوئی تھیں۔ البتہ کتابوں اور کاپیوں کے طومار سے کمرے کا فرش ایک میدان جنگ بنا ہوا تھا۔ میں نے اس سارے منظر کو دیکھا اور اس کے امکانات ذہن نشین کرنے کی کوشش کی تو مبہوت رہ گیا۔

"شرما جی یہ انقلاب عظیم کیسے اور کیوں؟ کیا اس مرتبہ کالج کے نوخیز بچوں کو یتیم کر جانے کا ارادہ ہے؟" ہم دونوں فرش پر کتابوں کے اوپر بیٹھ گئے۔

"بھائی تم سے کیا چوری" شرما جی نے بڑی محجوبیت سے کچھ ایسے انداز میں کہا جیسے کوئی اقبال جرم کر رہے ہوں۔ "میرا ارادہ ہے کہ اس سال پاس ہی کر ڈالوں بی، اے"۔

"لیکن یہ کیوں؟ امتحان پاس کرنے کے آپ کیسے قائل ہو گئے؟ آپ ان تکلفات میں پڑتے تو آج سے پچیس برس قبل ہی گریجوٹ ہو چکے تھے! اور بی، اے فائنل میں تو ابھی آپ کو کچھ ایسا زمانہ بھی نہیں گزرا ہے!"

"آج سویرے ہی حساب لگایا تھا، یہ آٹھواں سال ہے"۔ اور یہ کہتے ہوئے شرما جی نے کتابوں کے نیچے سے نکال کر مجھے ایک چارٹ دکھایا جس میں بہت تفصیل کے

ساتھ درج تھا کہ ڈگری لینے کے لئے انھوں نے یونیورسٹی پر اب تک جو سات حملے کئے تھے ان میں وہ کس کس انداز سے ناکامیاب رہے تھے۔ تین مرتبہ تو وہ حاضری پوری نہ ہونے مرن برت رکھنے اور اسٹرائک میں حصہ لینے کے باعث امتحان میں شریک ہی نہیں کئے جا سکے تھے اور چار مرتبہ وہ مختلف مضامین میں مختلف طریقوں سے کھیت رہے تھے۔

میں نے کہا "ابھی تو اس چارٹ میں بڑی گنجائشیں باقی ہیں۔ آپ تین مرتبہ بے ضابطہ اور صرف چار مرتبہ بے ساختہ فیل ہوئے ہیں! ابھی آپ تاریخ اور فلسفے میں علیحدہ علیحدہ اور انگریزی اور فلسفے میں ایک ساتھ فیل نہیں ہوئے ہیں۔۔۔۔۔"

شرما جی نے میری بات کاٹ کر کہا "بہکتے ہی چلے جاؤ گے بھتیجے یا اپنے چچا کی بھی سنو گے! بات اصل یہ ہے کہ اب کی میرا پاس ہونا حد سے زیادہ ضروری ہے وہ اپنے جی میں ہم نے ٹھانی اور ہے! یہ میری زندگی اور موت کا سوال ہے! اور ہاں مجھے اپنے ایک انتہائی ذاتی اور اہم معاملے میں تم سے مشورہ بھی کرنا ہے لیکن خبردار اس کا ذکر کسی دوسرے سے نہ کرنا!"

شرما جی کا رازدارانہ لہجہ دیکھ کر مجھے بھی سنجیدہ بننا پڑا: "چچا آپ بھی کیا بات کرتے ہیں۔ آپ کی بات اور نکل جائے اور میرے منھ سے؟ آپ کے بہت پرانے اور مخلص دوست کا بیٹا ہوں یا کوئی اور؟"

"خیر تمہارے باپ تو پیٹ کے بہت ہلکے تھے اور ایک دفعہ اپنی چغل خوری سے مجھے ایک مولوی صاحب سے پٹوایا بھی تھا۔ لیکن مجھے تمہارے کردار پر اعتماد ہے۔ تم مس اوشا بخشی کو جانتے ہو؟"

"ارے وہی بڑ دنتی جس کے چہرے پر دو چار چیچک کے داغ بھی ہیں سوکھی جیمرخ!"

شرما جی بڑے غضبناک لہجے میں بولے "بس! بس! آج کل کے لونڈے صرف پلپے منہ چہروں کو حسین سمجھتے ہیں! ظاہرداری پر مری جارہی ہے دنیا! چشمِ بصیرت، حسنِ صورت نہیں، حسنِ سیرت دیکھتی ہے۔"

"واقعی حسنِ سیرت میں تو اوشا بخشی آپ اپنا جواب ہے! میں نے ایسی پاکیزہ، سنجیدہ اور سلیم الطبع لڑکی تو اپنی زندگی میں دیکھی ہی نہیں۔" مجھے بہرحال شرما جی کو تو ٹھنڈا ہی کرنا تھا۔

"بالکل ٹھیک! ہاں تو جب میں پچھلی مرتبہ مرن برت رکھے ہوا تھا تو اس نے بڑی ہمدردی کی تھی میرے ساتھ۔"

"یعنی؟" میں نے پوچھا۔

"یعنی روز شام کو وہ کھانا لے آتی تھی میرے لیے! شام کو جب مجھے دیکھنے آتی تو کھانے کی ایک پوٹلی میرے سرہانے رکھ جایا کرتی!"

"اچھا اسی وجہ سے مرن برت کے دوران آپ کا وزن گھٹنے کے بجائے کچھ بڑھ گیا تھا!"

"فضول بکواس مت کرو! ہاں تو ہم دونوں کو ایک دوسرے سے محبت ہوگئی اور ہم لوگوں نے قسم کھائی کہ اگر پنڈت نردوش نرائن بخشی یعنی اوشا کے والد راضی ہو جائیں گے تو ہم ایک دوسرے کے جیون ساتھی بن جائیں گے۔ چنانچہ میں پنڈت نردوش نرائن بخشی کے پاس پہنچا بلکہ ہر دوسرے روز پہنچنے لگا۔ لیکن اپنی درخواست پیش کرنے کا مجھے کوئی موقع ہی نہ ملتا۔ اور ادھر اوشا جلدی کر رہی تھی۔ خیر ایک روز جب میں بخشی جی کے یہاں پہنچا تو وہ بڑے غصے میں بید لیے اپنے کتے کو مار رہے تھے اور تم جانتے ہو کہ میں کوئی ظلم اپنی آنکھوں کے سامنے برداشت نہیں کر سکتا۔ لہٰذا میں نے جاتے ہی اُن کا بید پکڑ لیا۔ اُنھوں نے گرج کر کہا "ابے تو کون ہے جو آئے دن میرے یہاں اپنی منحوس صورت لے کر آیا کرتا ہے۔ چھوڑ میرا بید!" میں نے بھی موقع غنیمت سمجھا اور فوراً کہہ دیا کہ "میں آپ کی لختِ جگر اوشا سے شادی کرنا چاہتا ہوں!" پھر کیا ہوا؟ خیر تفصیلات تو بس میں انھیں جانے دو۔"

تھوڑی دیر دم لینے کے بعد سُسرا جی پھر گویا ہوئے۔ بخشی جی بلکہ اُن کے ملازمین مجھے ان کے ڈرائنگ روم میں لے گئے اور شام سے رات کے ڈھائی بجے تک مجھ سے اور بخشی جی سے مختلف موضوعات مثلاً شادی، طلاق، ایٹم بم، پنجابی صوبہ، جنسی مساوات اور عورت کی اقتصادی آزادی وغیرہ وغیرہ پر بحث ہوتی رہی۔ تم جانتے ہو کہ میری زبان جب ایک دفعہ کھل جاتی ہے تو پھر بند ہونے کا نام نہیں لیتی۔ قصہ مختصر میری درخواست پر بخشی جی نے اپنا آخری اور مختتم فیصلہ یہ سُنایا کہ اگر اس سال میں بی۔ اے پاس کر لوں تو وہ نتیجہ نکلنے کے پندرھویں دن اوشا کا ہاتھ میرے ہاتھ میں دے کر مجھے دُنیا کا سب سے خوش نصیب انسان بنا دیں گے ورنہ اگر اس کے بعد پھر کبھی میں نے ان کی کوٹھی کے احاطے میں قدم رکھا تو .. .. خیر تفصیلات غیر ضروری ہیں۔ میں نے مودبانہ احتجاج کیا کہ جب میں اور اوشا دونوں ایک دوسرے کو پسند کرتے ہیں تو یہ "چوبے شیر" والی شرط لگانے سے کیا حاصل؟ بخشی جی نے بڑے جوش میں جواب دیا۔ "میری لڑکی اس سال قطعاً بی۔ اے پاس ہو جائے گی اور میں یہ ہرگز برداشت نہیں کر سکتا کہ میرا داماد میری لڑکی سے کم تعلیم یافتہ ہو۔ اور ہاں چونکہ میں ریٹائرڈ جج ہوں لہٰذا اگرچہ ایسا ہونے کا امکان نہیں لیکن انصاف کی خاطر یہ بھی کہہ دینا چاہتا ہوں کہ میں یہ بھی نہیں چاہتا کہ میرے داماد کی بیوی اس سے کم تعلیم یافتہ ہو اس لیے اگر اوشا فیل ہو گئی اور تم پاس ہو گئے تو بھی میں یہ رشتہ رد کر دوں گا۔ البتہ اگر تم دونوں ہی فیل ہو گئے تو بات دوسری ہے۔ لیکن خیر اوشا تو ہمیشہ فرسٹ ڈویژن پاس ہوتی رہی ہے تم اپنی خیر مناؤ"

سلسلۂ کلام جاری رکھتے ہوئے سُسرا جی نے کہا "اس کے بعد میں نے کچھ اور کہنا چاہا لیکن بخشی جی نے یہ کہہ کر مجھے اپنے کمرے سے نکال دیا کہ نہ آج سے تم اوشا سے ملنا اور نہ امتحان کے نتیجے سے قبل میرے پاس آنا ورنہ نہ صرف اس رشتے کو ختم سمجھنا بلکہ اسپتال میں اپنے لیے جگہ بھی مخصوص کرا لینا۔ اب بتاؤ اس نیم پاگل انسان سے میں اور کیا کہتا!

چپ چاپ کمرے سے باہر نکل آیا جہاں اوشا نہ صرف میرا انتظار کر رہی تھی بلکہ یہ ساری گفتگو انتہائی کرب اور بے چینی سے سن رہی تھی اور ہم لوگ ایک دوسرے سے آنکھوں میں آنسو اور دلوں میں تمناؤں کی ایک دنیا لیے لیکن زبان سے ایک لفظ کہے بغیر جدا ہو گئے! اور غالباً ہمیشہ کے لیے جدا ہو گئے! اب بتاؤ میں کیا کروں؟ کورس کی ان نامعقول اور ناہنجار کتابوں سے مغز پچی نہ کروں تو کیا دریا میں پھاند کر اپنی جان دے دوں؟"

میں شرما جی کی یہ داستانِ محبت سن کر دنگ رہ گیا اور ان کو لاکھ لاکھ سمجھایا کہ چھوڑیے اس اوشا کی بچی کو۔ اس سال فیل ہو گئے تو کیا ہوا؟ پر سال دوسری لڑکیاں ہم جماعت ہو جائیں گی ان میں سے کوئی اوشا سے بھی اچھی ڈھونڈھ لیجیے گا! اور پھر محض ایک لڑکی کی خاطر کورس کی کڑوی اور کسیلی کتابیں چاٹ کر منہ بدمزہ کرنے سے فائدہ! اتنے دنوں جیسے زندگی کو جاوداں، پیہم دواں، ہر دم جواں رکھا ہے ویسے ہی اب بھی رکھیے ورنہ آخری وقت میں کیا خاک مسلماں ہوں گے، وغیرہ وغیرہ لیکن شرما جی پر کوئی اثر نہ ہوا اور وہ "ہائے اوشا" اور "وائے اوشا" ہی کرتے رہے۔

اس کے بعد ان کو دائرۂ انسانیت میں لانے کے لیے میں نے برادرانہ اور افلاطونی محبت اور خفیہ شادی وغیرہ کے امکانات ذہن نشین کرانا چاہے لیکن شرما جی نے مجھے بری طرح جھڑک دیا۔ "میں کسی عورت کو حاصل کرنے کے لیے شرافت سے گرا ہوا کوئی طریقہ اختیار کرنا بلکہ سوچنا ہی ننگِ انسانیت سمجھتا ہوں! شرافت کا طریقہ صرف ایک ہے اور وہ یہ کہ عورت سے صرف شادی کرنے کے لئے عشق کیا جائے اور پھر باقاعدہ عشق کا امتحان پاس کر کے اسے اپنے بچوں کی ماں بنایا جائے۔"

مجبوراً میں نے شرما جی کو ان کی کتابوں کے رحم و کرم پر چھوڑ دیا۔ میرا خیال تھا کہ دو چار روز میں ان کا یہ بخار اتر جائے گا لیکن وہ پڑھنے میں ڈوبے تو ایسا ڈوبے کہ پھر ابھرنے کا نام ہی نہ لیا۔ پڑھائی کی خاطر انھوں نے ہوسٹل چھوڑ کر ایک چھوٹا سا

مکان کرائے پر لے لیا جو ہر وقت اندر سے مقفل رہتا تاکہ اُن کے یار دوست آکر مخل نہ ہو سکیں انھوں نے اپنے بڑے بڑے بالوں کے بجائے سر گھٹا ڈالا اور اپنی خوبصورت کھوپڑی چھپانے کے لیے کالج جاتے وقت وہ ایک چھوٹی سی گاندھی کیپ بھی لگانے لگے۔ کالج کے پروفیسروں اور طالب علموں میں شرما جی کی اس نئی اور انتہائی غیر متوقع کروٹ سے حیرت و استعجاب کا ایک تہلکہ مچ گیا۔ کسی کی سمجھ میں نہ آتا کہ آخر شرما جی بیچارے پڑھائی کے اس بے ساختہ میعادی بخار میں کیسے مبتلا ہو گئے۔ کوئی کہتا کہ پڑھ نہیں رہے ہیں بلکہ اپنی سوانح عمری قلمبند کر رہے ہیں۔ کوئی کہتا کہ دروازے بند کر کے جعلی نوٹ چھاپنے کی مشق کر رہے ہیں۔ کوئی کہتا کوئی عورت بھگا لائے ہیں۔ اسی لیے یہ پردہ داری ہے۔ البتہ جب اوشا بخشی کے سامنے شرما جی کی پڑھائی کا چرچا ہوتا یا کالج میں وہ شرما جی کو دیکھ پاتی تو اس کے چہرے پر سرخیاں پھیلنے لگتیں۔ اس کی سیاہ آنکھوں کی گہرائیاں اور بھی گہری ہو جاتیں۔ اس کے منہ سے باہر نکلے ہوئے دونوں دانت بڑی دل آویزی سے چمکنے لگتے اور وفور محبت سے اس کا انگ انگ ایک پرکیف انگڑائی لیتا ہوا دکھائی دینے لگتا۔

بالآخر وہ تاریخی رات بھی آ گئی کہ جس کی صبح کو امتحان شروع ہونے والا تھا۔ میں شرما جی کا حال احوال دیکھنے اُن کے گھر پر پہنچا تو خلاف معمول دروازے کھلے ہوئے تھے۔ میں اندر پہنچا تو دیکھا کہ شرما جی اپنا اسباب باندھے بڑی بے چینی سے ٹہل رہے تھے میں حیرت زدہ رہ گیا۔ خداوندا یہ کیا نیا شگوفہ کھلا؟

"کیا ارادے ہیں چچا؟"

"میں گھر واپس جا رہا ہوں ابھی نو بجے کی گاڑی سے۔ نوکر تانگہ لینے گیا ہے۔"

"اور امتحان؟"

"میرے لیے امتحان ختم ہو چکا۔"

"کیا مطلب؟"

"چار مہینے پڑھتے پڑھتے دن رات ایک کر دئیے لیکن ہنوز روز اوّل ہے! جو کتاب پڑھتا ہوں معلوم ہوتا ہے کہ کسی نئی دریافت کی ہوئی دُنیا کا جغرافیہ پڑھ رہا ہوں! جانتا ہوں کہ میرا ڈبّہ گول ہے لہٰذا امتحان میں بیٹھنے سے فائدہ ؟ میں ہوں اپنی شکست کی آواز" شرما جی نے بڑی مایوسی سے کہا۔

"میں بھی امتحان میں نہیں بیٹھ رہا ہوں" میں نے منھ بسور کر کہا۔ مجھے دفعتاً ایک لاجواب ترکیب سُوجھ گئی تھی۔

"تم کیوں نہیں بیٹھ رہے ہو؟" شرما جی نے چچا بن کر تحکمانہ لہجے میں پوچھا۔

"والد صاحب نے فرمایا تھا کہ مجھے اس سال فرسٹ ڈویزن لانا چاہیے ورنہ امتحان میں شریک نہ ہونا چاہیے۔ اس سال میری تیاری فرسٹ ڈویزن والی نہیں ہے لہٰذا امتحان میں نہیں بیٹھ رہا ہوں۔"

"ایک ہم ہیں کہ ہوئے ایسے پشیماں کہ بس ایک وہ ہیں کہ جنھیں چاہ کے ارماں ہوں گے"

شرما جی نے اپنے بستر بند کے کسے ہوئے تسموں کو اور زیادہ کستے ہوئے کہا۔

اتنے میں ملازم تانگہ لے کر آ گیا اور اس کے اور تانگے والے کے ہاتھوں شرما جی کا اسباب اُٹھ اُٹھ کر تانگے پر جانے لگا۔ شرما جی میری جانب الوداعی بغل گیری کے لیے بڑھے تو میں نے ہاتھ جوڑ کر کہا "چچا میں نے زندگی بھر آپ کی نصیحتیں اور ہدایتیں مانی ہیں حتیٰ کہ دو دفعہ کالج سے نکالے جانے تک کی نوبت آ گئی تھی لیکن میں نے آپ کے احکام سے منھ نہیں موڑا۔ اب ایک میری درخواست ہے یعنی آپ کے اکلوتے حقیقی بھتیجے کی ضد بلکہ بالک ہٹ ہے اسے منظور کر لیجیے۔"

"کہو! کہو! میں نے نوکر سے پہلے ہی کہہ دیا ہے کہ کورس کی ساری نئی کتابیں جو میں نے خریدی ہیں وہ کل تمھارے کمرے میں ڈال آئے۔"

"چچا کورس کی کتابیں گئیں چولھے بھاڑ میں! میں دوسری بات کہہ رہا ہوں!

میں امتحان یقیناً پاس کر سکتا ہوں لیکن فرسٹ ڈویژن میں نہیں۔ میرا سال تو بے کار جا ہی رہا ہے۔ میرے اور آپ کے مضامین ایک ہی ہیں۔ ایسا کیوں نہ کیجیے کہ میں آپ کے نام سے کاپیاں لکھوں اور آپ میرے نام سے۔ آپ پاس ہو جائیے گا اور مجھے فیل ہو جانے کا غم نہ ہوگا۔"

شرما جی کے چہرے پر تفکر کی گہری لکیریں نمودار ہوئیں۔ پھر ایک دم سے بشاشت چھا گئی۔ لیکن پھر رفتہ رفتہ وہ مایوسی میں تحلیل ہونے لگی: "تم میرے لیے یہ قربانی کر رہے ہو! میں اسے برداشت نہیں کر سکتا۔ حقا کہ با عقوبتِ دوزخ برابر است۔ ۔ ۔ ۔"

میں نے بات کاٹ کر کہا "میں کوئی قربانی نہیں کر رہا ہوں۔ آپ بے جا تکلف کر کے نہ صرف اپنی زندگی بلکہ اوشا جی کی زندگی بھی خطرے میں ڈال رہے ہیں۔"

اوشا کا نام سنتے ہی شرما جی کھل گئے اور مجھ سے بے اختیار لپٹ کر انھوں نے میری تجویز منظور کر لی۔ تانگے پر سے اسباب واپس منگا لیا گیا۔ میری تجویز کے سارے نشیب و فراز پر اچھی طرح سے غور کرنے کے بعد اور "اوشا زندہ باد" کے نعروں کے ساتھ شرما جی اپنا بستر کھول کر سونے کے لئے لیٹ گئے اور میں ہاسٹل واپس چلا گیا۔

امتحان آیا اور چلا گیا اور ہم لوگوں کی سازش کی کسی کو ہوا بھی نہیں لگی۔

نتیجہ نکلنے کے دن قریب آئے تو مجھے تار دے کر شرما جی نے اپنے گھر بلا لیا۔ نتیجہ نکلا تو اخبار دیکھتے ہی مجھے چکر آ گیا اور اخبار میرے ہاتھ سے چھوٹ کر زمین پر گر پڑا۔ میں سکنڈ ڈویژن میں پاس تھا اور شرما جی فیل تھے! شرما جی نے اخبار اٹھا کر دیکھا تو خوشی کی بے اختیارانہ چیخ کے ساتھ پہلے ہوا میں اچھلے اور پھر رقص کرتے ہوئے مجھ سے لپٹ گئے "کمبخت تو نے میری عزت رکھ لی! تو نے مجھ پر وہ احسان کیا ہے کہ تا زندگی نہیں بھول سکتا!"

میں حیرت سے اُن کا منھ دیکھنے لگا۔ وفورِ مسرت، سے اُن کے آنسو نکل رہے تھے۔ بڑی دقت سے گلوگیر آواز میں بولے "دیکھو اوشا بھی فیل ہے! اگر میں پاس ہو جاتا تو میری اوشا ہمیشہ کے لیے میرے ہاتھوں سے نکل جاتی!!"

بعد میں شرما جی کی بہت سی اُلٹی سیدھی باتوں کے درمیان پتہ یہ چلا کہ پنڈت نرنوش نرائن کے حکم کے بموجب شرما جی اوشا سے ملتے تو نہیں لیکن بخشی جی کے کتے کے ذریعے سے وہ آپس میں خط وکتابت کرتے رہے تھے۔ شرما جی نے اسٹل چھوڑ کر بخشی جی کے گھر کے قریب اسی مصلحت سے مکان لیا تھا کہ وہاں وہ کتے کو کھانے کی چیزوں کی رشوت دے کر لے آیا کرتے اور بالآخر وہ خود آنے لگا تھا۔ اوشا نے اس کی گردن میں ایک ایسا پٹہ سی کر باندھ دیا تھا کہ اس کے اندر ایک جیب بھی تھی جس میں کوئی خط بآسانی رکھا جا سکتا امتحان کے قریب شرما جی جب اپنی کامیابی سے مایوس ہو گئے تو انھوں نے اوشا کو مطلع کر دیا تھا کہ اُن کا جہاز ڈوب رہا ہے۔ اوشا کو میری اور شرما جی کی سازش کا علم نہ ہونے پایا تھا لہٰذا اس غریب نے بھی اُن کے جہاز کو ڈوبتا سمجھ کر خود اپنی کشتی ڈبو دی تھی! اس کو کہتے ہیں سچی محبت!

"بخشی جی کا کتا سگ لیلیٰ کی نسل سے معلوم ہوتا ہے۔" شرما جی نے جھوم کر فرمایا "سچ پوچھیے تو جو ڈگری مجھے ملنے والی ہے اُس کا مستحق وہی بے زبان کتا ہے۔" میں نے کہا۔ غرض۔

نتیجہ نکلنے کے پورے پندرہ دن بعد اوشا بخشی اوشا شرما ہو گئیں۔ مجھے اپنی ناگہانی کامیابی سے کچھ ایسی شرم آئی کہ میں نے مضامین بدل کر شرما جی اور اوشا جی کے ساتھ پھر بی۔اے میں داخلہ لے لیا اور اس سال اوشا فرسٹ ڈویژن میں سکنڈ ڈویژن اور شرما جی تھرڈ ڈویژن میں کامیاب ہو گئے!

ع پھر اس انداز سے بہار آئی
کہ ہوئے مہر و مہ تماشائی!

فسادی چچا

ایک ایسے محلے میں جو شہر کی ہما ہمی سے دور ایک کونے میں تھا اور جہاں صرف چند چھوٹی موٹی دکانوں کے علاوہ نہ کوئی بازار تھا نہ سنیما، نہ کلب، نہ کافی ہاؤس اور جہاں زیادہ تر بڑی بڑی بچوں والے کلرک، مزدور اور تجارت پیشہ لوگ رہتے جنھیں سویرے سے شام تک اپنی روٹی کمانے ہی سے فرصت نہ ملتی صرف ایک فسادی چچا کا دم تھا جو اپنی لگائی بجھائی، جھوٹ سچ اور بات کے بتنگڑ بنا دینے سے آئے دن نت نئی ٹو ٹکیں، جھگڑے اور ہنگامے کھڑے کر کے محلے والوں کی ٹھہرے ہوئے پانی جیسی زندگی میں کچھ بپھری ہوئی موجیں بلکہ اکثر اچھے بھلے طوفان اُٹھا دیا کرتا۔

اپنی حد سے زیادہ غیر ذمہ دار حرکتوں کے باعث خود فسادی چچا کی شخصیت محلے والوں کے درمیان ایک شدید اختلافی مسئلہ بنی ہوئی تھی۔ کچھ عاقبت اندیش انھیں شامت اعمال، وبال جان، بلکہ قرب قیامت کی نشانی سمجھ کر اُن کا وجود پورے محلے کے لئے ایک انتہائی خطرناک علامت سمجھتے۔ برخلاف اس کے کچھ من چلے انھیں حرکت اور زندگی کا چھیلتے دارہ ایک دلچسپ تماشہ، اور زندہ دلی کا سرچشمہ مانتے اور ان کی موجودگی کو محلے کی ذہنی صحت کے لیے اُسی قدر لازمی قرار دیتے جیسے جسمانی صحت کے لئے گندے نالے یا کوڑے خانے کو۔ لیکن

فسادی چچا اپنے فساد کے فن میں اس بلندی پر فائز تھے یا بزبانِ انگریزی میں ایسے پہونچے ہوئے بزرگ تھے کہ وہ اپنے متعلق دوسروں کے خیالات اور پسند و ناپسند سے بالکل بے نیاز رہتے ہوئے بھس میں چنگاری ڈالنے، پھانس کا بانس بنانے، لڑائی جھگڑا کروانے پگڑی اچھلوانے نئے نئے جھوٹ گڑھنے اور طرح طرح کی غلط فہمیاں پیدا کرانے اور عجیب و غریب شگوفے چھوڑنے سے کبھی باز نہیں آتے۔ ان کا سب سے بڑا کمال یہ تھا کہ باوجود اس کے کہ لوگ اُن سے اور اُن کے حربوں سے ضرورت سے زیادہ واقف ہو چکے تھے لیکن وہ ہر مرتبہ اپنی چابک دستی کا جوہر دکھاتے ہوئے اپنا نیا وار کچھ اس غیر متوقع انداز اور زاویے سے کرتے کہ وہ خالی ہرگز نہ جاتا اور چوکنے سے چوکنے انسان پر بھی جب وہ اپنا جال ڈالتے تو وہ محض ایک صیدِ زبوں بن کر رہ جاتا۔ لوگ تلملاتے، چیختے اور چلاتے لیکن پھر دل ہی دل میں فسادی چچا کی فنی مہارت اور بیوقوف بنانے کی صلاحیت کی مجبوراً داد بھی دیتے۔ سچ پوچھئے تو پورے محلّے کی اجتماعی ذہانت کے وہ تنہا جواب تھے۔ پہلے وہ ابوالحسن چچا کہلاتے لیکن پھر کثرتِ استعمال سے وہ صرف چچا رہ گئے تھے۔ اور کچھ عرصے بعد اُن کا یہ نام بھی کچھ غیر ضروری ہو کر رہ گیا تھا کیونکہ عام طور سے اُن کے پیٹھ پیچھے لوگ اُنھیں فسادی چچا کے لقب سے یاد کرتے۔ وہ خود بھی اس کو برا نہیں سمجھتے بلکہ ایک طرح سے اِسے اپنی کارگزاریوں کا اعتراف سمجھ کر اپنے متعلق خود بھی استعمال کر لیا کرتے۔ اکثر جب موڈ میں ہوتے تو فرماتے "دیکھو بھتیجے! تمہارا فسادی چچا کہتا ہے ......" یا "اپنے باپوں کی سن چکے؟ اب اپنے فسادی چچا کی بھی سنو!" وغیرہ وغیرہ۔

اپنی حرکاتِ ناشائستہ سے وہ قریب قریب محلے کے سبھی لوگوں کو کسی نہ کسی طریقے سے گھائل کر چکے تھے اور اس کے باعث یقیناً فسادی چچا نہیں معلوم کب کے محلے سے نکالے جا چکے ہوتے مگر ان میں سب سے بڑا وصف یہ تھا کہ دوسروں کو لڑوانے کو اپنی زندگی کا واحد مقصد بنا لینے کے باوجود وہ خود کبھی کسی سے نہ لڑتے۔ اپنے متعلق دل جلوں کی کڑوی

کیسی باتیں بھی وہ مسکرا کر دی جاتے ۔ اگر کبھی اُن کی چوری پکڑی جاتی یعنی اُن کی اُڑائی ہوئی کسی ہوائی کے متعلق فریقین اُن کے پاس سامنا کرانے پہونچ جاتے تو وہ نادم ہونے کے بجائے ہنستے اور خوش ہوتے اور اپنی لفاظی سے کچھ ایسی مضحکہ خیز صورت حال پیدا کرنے کی کوشش کرتے کہ جس میں غصّہ اور گرمی بڑی حد تک غیر ضروری اور بے محل معلوم ہونے لگتی وہ ایسے نازک موقعوں پر کچھ اس قسم کی باتیں کرتے " اجی تمھارے فسادی چچا نے یہ کہہ دیا تو کیا قیامت آگئی ؟ " " اجی اب بندر جیسا منھ کیا بنا رہے ہو ۔ رات گئی بات گئی " ـــــ ـــــ " تم کہتے ہو کہ میں نے یا تم نے یہ نہیں یہ کہا تھا تو خیر یوں ہی سہی " " تھوڑی دیر کے لئے تم ہی سچے بن جاؤ گے تو میرا کیا بگڑ جائے گا " " واہ میاں واہ ! اتنی سی بات پر بھڑک اُٹھے ! " وغیرہ وغیرہ اور پھر گھما پھرا کر اپنی چرب زبانی سے کچھ ایسا رنگ جماد یتے کہ آخر میں پالا انھیں کے ہاتھ رہتا ۔

ایک دفعہ مولوی کبن صاحب اور ان کی دکان کے ساجھے دار رمیش چند رلڑتے ہوئے فسادی چچا کے یہاں پہونچے اور رمیش نے غصّے اور افسوس سے بھرے ہوئے لہجے میں کہا " کیوں چچا میں نے کب مولوی صاحب کو بے ایمان اور دغا باز کہا تھا ؟ یہ آپ نے ان کے کان کیسے پھونک دیئے ؟ "

چچا نے بڑے ٹھنڈے دل سے جواب دیا " اچھا مہربان ! تو تم سچے اور میں جھوٹا اور میری سات پشتیں جھوٹی ! اب تو خوش ہو کر مسکرا دو ! "

اب کبن صاحب نے زبان بلکہ حلق کھولی " لیکن آپ نے تو مجھ سے کہا تھا کہ یہ مجھے بے ایمان اور دغا باز کہتا ہے ؟ "

چچا نے جماہی لیتے ہوئے کہا " لیکن اب اگر یہ آپ کے منھ پر آپ کو بے ایمان اور دغا باز نہیں کہتا ہے تو میں کیا کروں ؟ "

رمیش چہکا " اس کے کیا معنی چچا ؟ کہ اب یہ آپ کے منھ پر آپ کو بے ایمان اور دغا باز

نہیں کہنا! کیا میں نے ان کی غیبت میں ان کو کبھی بے ایمان اور دغا باز کہا تھا؟"
چچا نے چمکارتے ہوئے کہا "تم نے کہا یا نہیں کہا اس کا فیصلہ تو ابھی ہو سکتا ہے لیکن چونکہ میں تم دونوں ہی کا خیر خواہ ہوں اور تمہارے باہمی تعلقات اور زیادہ خراب نہیں کرنا چاہتا۔ لہذا میں سارا الزام اپنے ہی سر لے لینا زیادہ بہتر سمجھتا ہوں۔"
رمیش نے جھلا کر کہا "چچا آپ ہم دونوں کی فکر نہ کیجئے اور نہ گھما پھرا کر بات کرنے سے کوئی فائدہ ہے۔ فیصلہ ہو سکتا ہے تو ہو جائے۔"
کبن صاحب نے بھی ہاں میں ہاں ملائی "ہاں صاحب فیصلہ یا صفائی جو کچھ ہونا ہو ابھی ہو جانا چاہیے میرے لئے دغا بازی اور بے ایمانی کا اتہام ناقابل برداشت ہے۔"
چچا کچھ دیر خاموش رہے اور پھر ایک دم سے رمیش کی آنکھوں میں آنکھیں ڈال کر بولے "اچھا تو تم ہی کہہ دو کہ کبن صاحب دغا باز اور بے ایمان نہیں ہیں!"
رمیش "میں کیوں کہہ دوں؟" چچا نے قہقہہ لگایا تو رمیش چڑھ گیا "میں تو یہاں صرف اس صفائی کے لئے آیا ہوں کہ میں نے آپ سے کبھی نہیں کہا کہ یہ دغا باز اور بے ایمان ہیں۔"
چچا بھی تیز ہو گئے "تو کہہ نہ دو کہ یہ دغا باز اور بے ایمان نہیں ہیں۔ بات ابھی صاف ہو جائے۔ صرف ذرا سی زبان ہلا کر تم سچے بن جاؤ اور میں جھوٹا۔"
رمیش "یہ الٹ پھیر کی باتیں تو میں جانتا نہیں۔ آپ صرف یہ بتائیے کہ میں نے آپ سے کبن صاحب کا تذکرہ کب اور کیسے کیا تھا؟"
چچا بولے "کبن صاحب کو تم ناسمجھ جو جی چاہے سمجھو لیکن وہ ایسے ناسمجھ بھی نہیں ہیں کہ وہ تمہارے اس قسم کے داؤ پیچ کو بھی نہ سمجھیں۔"
رمیش (تعجب سے) "داؤ پیچ کیا؟"
چچا "جب تم یہ کہنے کو تیار نہیں کہ وہ راست باز اور ایماندار ہیں تو تمہارا ان کے متعلق جو خیال ہے وہ صاف ظاہر ہی ہو چکا۔ اب تم زبان سے کہو یا نہ کہو!"

کبن صاحب کچھ کہنے ہی والے تھے کہ رمیش بولا "کیا مطلب آپ کا؟ اچھا میں کہے دیتا ہوں......"

بچا نے بات کاٹ کر کہا۔ "ہاں ہاں کہو کہ تمہیں دکان کے حسابات پر پورا پورا بھروسہ ہے اور کبن صاحب نے اپنے بھتیجے اور خالو کے نام جو ادھار کھاتا کھول رکھا ہے اس کو تم بالکل صحیح سمجھتے ہو۔"

رمیش "دیکھیے اس وقت حساب اور کھاتوں کی باتیں جانے دیجئے۔ وہ ہمارا نجی معاملہ ہے اور اس کے متعلق مجھے کبن صاحب سے یقیناً کچھ اختلاف ہے۔"

کبن صاحب "آپ کا اختلاف آپ کی غلط فہمی ہے۔ مجھے اگر ٹھیک سے حساب لکھنا نہیں آتا تو اس کے یہ معنی ہرگز نہیں ہیں کہ میں دغاباز اور بے ایمان ہوں۔ رہے میرے بھتیجے اور خالو کے ادھار کھاتے تو وہ کوئی آپ کی چوری سے کھولے نہیں گئے اور کیا خود آپ نے ادھار کے کئی ایک کھاتے نہیں کھلوائے ہے؟"

رمیش "حساب ٹھیک نہیں ہے تو پھر ہر چیز مشکوک ہے اور میں نے کوئی اپنے رشتہ داروں کو تو ادھار کے کھاتے کھلوا نہیں دیئے۔"

چنگاری بھڑک اٹھی تھی اور چچا نے ہوا دے کر اسے جلد ہی شعلہ بنا دیا۔ رمیش اور کبن صاحب جب کئی دفعہ ایک دوسرے کو دغاباز، بے ایمان اور نہیں معلوم کیا کیا کہہ چکے تو موقع محل دیکھ کر چچا نے ایک نیا پانسا کھایا یا مسکراتے ہوئے کبن صاحب سے بولے "ہاں صاحب میں نے کب آپ سے کہا تھا کہ رمیش آپ کو دغاباز اور بے ایمان کہتا ہے؟" کبن صاحب نے اس غل غش میں اس غیر متوقع سوال کا تفصیلی جواب دینا غیر ضروری سمجھا "اجی وہ تو میرے منہ پر مجھے دغاباز اور بے ایمان کہہ رہا ہے اور میں ابھی اس کی دغابازی اور بے ایمانی کھول کر رکھ دوں گا کہ آپ عش عش کر جائیں۔"

اور پھر جب رمیش اور کبن صاحب کے درمیان زبانی تو تو میں میں کے بعد آستینیں

جھڑنے لگیں تو انتہائی شفقت بزرگانہ سے فسادی چچا درمیان میں آگئے۔ کافی ہنگامے کے بعد جب دونوں تھک ہار چکے تو اپنے گھر سے رخصت کرتے وقت انھوں نے آخری شگوفہ یہ چھوڑا "ایک ساتھ نہیں نبھتی ہے تو اپنا اپنا کاروبار الگ کر لو۔ اور پھر شریف آدمی کیا کبھی ہاتھا پائی پر اُتر آتے ہیں؟ معاملہ نہیں سلجھتا ہے تو آخر سرکاری عدالتیں کس مرض کی دوا ہیں!"

دوسرے دن کبن صاحب اور رمیش کی دوکان کا بٹوارہ ہوگیا اور دونوں ہی نے چند دنوں بعد ایک دوسرے پر مختلف اقسام کے دعوے کر دیئے۔ فسادی چچا کا نام دعوے ہی کی فہرست گواہان میں جلی حرفوں میں سب سے اوپر درج تھا۔

خود میں نے فسادی چچا کی شہرت تو کافی سنی تھی اور ایک دو مرتبہ کچھ لوگوں نے اُن کی جھلک بھی دکھائی تھی لیکن اُن سے شرف نیاز حاصل کرنے کا کوئی باقاعدہ موقع ابھی تک ہاتھ نہیں آیا تھا۔ اُن کے محلے میں بلکہ ان کے مکان کے بہت قریب مجھے کرائے پر ایک کمرا ملا تو کئی دوستوں واقف کاروں اور خدائی فوجداروں نے سمجھایا کہ اگر مجھے اپنی عزت آبرو پیاری ہے اور بیچ بازار میں اپنی ٹوپی اچھلوانا منظور نہیں ہے تو فسادی چچا کے ہمسایہ بننے کے خیال فاسد سے باز آؤں۔ کسی نے اُن کی شان میں قصیدہ پڑھا کہ وہ پرلے درجے کے جھگڑالو اور فسادی ہیں اور دوستوں اور عزیزوں کے درمیان جوتا چلوا دینے میں اپنا جواب نہیں رکھتے ہیں۔ کسی نے باقاعدہ اعداد و شمار پیش کیے کہ انھوں نے اتنی لگی ہوئی شادیاں چھڑوا دیں، اتنی فوجداریاں کروا دیں اور اتنے جھوٹے مقدمات چلوا دیئے۔ کسی نے ان کا یہ کارنامہ بیان کیا کہ انھوں نے ایک آئی ہوئی بارات کافی مرمت کے بعد واپس کروا دی تھی۔ کسی نے اسی کے جواب کا یہ جوابی حملہ بیان کیا کہ انھوں نے ایک صاحب کے یہاں بن بلائے بارات بھجوا دی تھی۔ کسی نے اُن کے متعلق یہ داستان سنائی کہ انھوں نے ایک ہی محترمہ پر بیک وقت

دو باپ بیٹوں کو عاشق کروا دیا تھا اور کسی نے ان کے خلاف یہ واقعہ بیان کیا کہ انھوں نے ایک مرنے والے کے یہاں جنازہ اُٹھنے سے پیشتر ایک وارث کو جیل اور دوسرے کو اسپتال بھجوا دیا تھا۔ ایک صاحب نے ان کا یہ لطیفہ بیان کیا کہ ایک جلسے میں انھوں نے ایک خود ساختہ خطبۂ صدارت چھپوا کر تقسیم کروا دیا تھا جس کی وجہ سے صدر جلسہ کو اصل خطبۂ صدارت لے کر اور جوتے چھوڑ کر جلسے سے بھاگنا اور کئی دنوں تک روپوش رہنا پڑا تھا وغیرہ وغیرہ۔

فسادی چچا کے متعلق یہ باتیں اور اسی قسم کی دوسری بہت سی باتیں سُن کر میں اُن سے دور بھاگنے کے بجائے اُن سے ملنے کے لئے اور بھی بے چین ہو گیا تھا۔ چنانچہ میں نے اپنے خیال میں انتہائی عقلمندی اور اپنے کان بھرنے والوں کے خیال میں انتہائی بے وقوفی سے یہ جواب دیا۔ "بھئی جب کوئی شخص اتنا نمبری اور مشہور جھوٹا، فسادی اور فتنہ پرداز واقع ہوا ہے تو اُس کے جھانسے میں آجانا ویسا ہی ہے جیسے کسی بجلی کے ایسے کھمبے سے ٹکرا جانا جس پر 'خطرہ ہے' کا سائن بورڈ دور سے چمک رہا ہو!" میرے اس جواب پر میرے ایک بہت بڑے ہمدرد برافروختہ ہو کر اُچھلے "اجی آپ فسادی چچا کو کیا سمجھتے ہیں؟ حرفوں کے بنے ہیں حرفوں کے! شیطان کے کان بھی اُلٹے استرے سے کاٹتے ہیں۔ اجی ان کی زد میں کہا ہوا شکار بھاگنا تو درکنار منہ کھول کر پانی بھی نہیں مانگتا" میں نے اس جواب کو اپنے لیے ایک چیلنج تصور کرتے ہوئے عرض کیا۔ تو پھر ایسے بزرگ سے کچھ نہ سیکھنا یقیناً کفران نعمت ہوگا۔ حضرت غالب اس قسم کے ایک مسئلہ کا حل بہت پہلے پیش کر چکے ہیں ؎

ہاں وہ نہیں خدا پرست، جاؤ وہ بے وفا سہی
جس کو ہو دین و دل عزیز اُس کی گلی میں جائے کیوں!

مجھے اپنے کمرے میں آئے ہوئے دوسرا دن تھا کہ اچانک سامنے دروازے کا پردہ ہٹا اور ایک پستہ قد، خوبصورت گورے چٹے اور سفید داڑھی والے بزرگ اندر جھانکتے ہوئے

نظر آئے صورت شکل اور وضع قطع سے وہ ایسے معلوم ہوتے کہ ع دامن نچوڑدیں تو فرشتے وضو کریں۔ انھوں نے فرمایا "سلام علیکم! کیا میں اندر آ سکتا ہوں ؟"

میں فوراً پہچان گیا کہ وہ فسادی چچا ہیں۔ میں نے بڑی گرم جوشی سے عرض کیا "وعلیکم السلام! آئیے آئیے ضرور تشریف لائیے" اور لپک کر ان سے مصافحہ کرتے ہوئے انھیں کمرے کی سب سے آرام دہ کرسی پر بٹھا دیا۔ اُس وقت وہ خلوص اور محبت کا ایک حسین مرقع دکھائی پڑتے۔

بڑی شفقت سے میرا نام، پتہ اور خاندانی حالات پوچھتے رہے اور اُس کے بعد کچھ بے تکلفی سے بولے "کیوں میاں، آپ کو اپنا کمرا پسند آیا ؟"

میں نے عرض کیا۔ جی ہاں کمرا تو غنیمت ہے لیکن غالباً یہ جنت کے کسی انجینیر کے مشورے سے تعمیر کیا گیا ہے کیونکہ جنت ہی کی طرح اس سے متعلق کسی باورچی خانے، پائخانے یا غسل خانے کی کوئی ضرورت نہیں سمجھی گئی ہے" میرے اس جملے سے بہت خوش ہوئے اور فرمانے لگے "ہاں نہ یہ کسی کا بیٹا ہے اور نہ کوئی اس کا بیٹا۔ مطلب یہ ہے کہ نہ یہ کسی مکان سے متعلق ہے اور نہ کوئی دوسرا حجرہ اس سے متعلق! اچھا تو پھر کام کیسے چلتا ہے۔ میرے لائق جو خدمت ہو میں اس کے لئے بسر و چشم حاضر ہوں۔"

میں نے کہا "کھانا ہوٹل میں کھاتا ہوں۔ اُس کا خمیازہ محلے کے سب سے بڑے جمہوری ادارے یعنی بم پولس میں بھگتا ہوں۔ غسل خانے کی لمد تاندہ کرنے کے لئے سامنے سڑک پر نل لگا ہوا ہے لیکن ابھی کم سیری غیرت نے یہ گوارا نہیں کیا ہے کہ سڑک پر بیٹھ کر اپنے برہنہ جسم کی نمائش کروں لہٰذا بصورت موجودہ صرف غسل خانے کی تکلیف ہے۔"

فسادی چچا پہلے کچھ ہنسے پھر سنجیدگی سے کہنے لگے "میاں یہ تکلیف تو چٹکی بجاتے دور ہو سکتی ہے۔ دیکھئے آپ کے کمرے سے بالکل ملا ہوا دکھن جانب جو سرخ مکان ہے اُس میں مرزا بہادر بیگ رہتے ہیں۔ اکیلے آدمی ہیں لہٰذا ان کے لئے مکان کا صرف اوپری حصہ

کافی ہے اور اُس کو بند کر کے وہ سویرے کام پہ چلے جاتے ہیں۔ نیچے کا حصہ جس میں غسل خانہ اور فلش ہے وہ محلے والوں ہی کے لئے کھلا چھوڑ دیتے ہیں۔ آس پاس کے لوگوں میں جس کا جی چاہتا ہے اُسے استعمال کرتا ہے بلکہ آپ سے قبل اس کمرے میں جو طالب علم رہتا وہ بھی نہانے دھونے کے لیے وہیں جاتا تھا۔ آپ بے تکلف وہاں چلے جائیے گا اور احتیاطاً آج یا کل ہی میں آپ کو مرزا صاحب سے متعارف بھی کرا دوں گا۔"

میں نے مزید احتیاط کے لئے پوچھا "تو مجھے بروقت میں جا کر کسی کو پکارنا ہوگا؟"

بولے "پکاریئے گا کس کو؟ دن میں وہاں رہتا ہی کون ہے البتہ خدا نخواستہ رات میں کوئی ضرورت پیش آجائے تو مرزا صاحب کو پکار لیجیے گا۔"

اس کے بعد فسادی چچا دنیا کی بے ثباتی، موجودہ زمانے کے اخلاق کی پستی اور دوستیوں کی طوطا چشمی کا تذکرہ کرتے رہے اور کافی دیر کے بعد جب وہ جانے کے لئے اُٹھے تو مجھے ایک حد تک یقین آچکا تھا کہ وہ ایک شریف اور با مروت انسان ہیں اور محض غلط فہمی کی بنا پر انھیں فسادی چچا کا لقب دے کر مطعون اور بدنام کر دیا گیا ہے۔ وہ ظالم نہیں بلکہ مظلوم نظر آتے۔

دوسرے روز نو بجے سویرے جب ایک پر لطف غسل صحت کی امید میں گنگناتا ہوا اپنے کمرے کے دکھن جانب سرخ مکان میں بروٹ احاطے کر کے اندر داخل ہوا تو ــــــ خدا نہیں دو یا شاید تین وحشت زدہ نسوانی چیخیں گونجیں اور پھر میں نے اپنے آپ کو بھاگتا اور اپنے تعاقب میں ایک لٹھ باز قسم کے انسان کو جو بہادر بیگ ہی معلوم ہوتے بعد دوڑتا پایا۔ بڑی مشکل سے اپنے کمرے میں پہونچ کر میں نے دروازہ بند کر لیا اور اس کے سامنے کھڑے ہو کر اپنے شور و غل سے آدھے محلے کو جمع کر کے بہادر بیگ نے میری شان میں جو فی البدیہہ اور بے ساختہ قصیدہ پڑھا وہ یقیناً اپنی نوعیت سے فردوسی کے شاہنامے قسم کی کوئی چیز تھی۔ آخر میں جب ضبط کا یارا نہ رہا تو میں نے سلاخوں والی کھڑکی کا پٹ

کھول کر عرض کیا "آپ کے اس قصیدے کا ثواب یقیناً فسادی چچا کی روح پُر فتوح کو پہونچے گا۔ میں بالکل بے قصور ہوں" اور میں نے فسادی چچا کی دعوت غسل کا پورا قصہ سُنا دیا۔ چچا کا نام آتے ہی پورا مجمع قہقہہ لگانے لگا یہاں تک کہ خود بہادر بیگ سے بھی ہنسی ضبط نہ ہو سکی اور خدا خدا کر کے بات آئی گئی ہو گئی۔ واقعی چچا نے پانی کے بجائے مجھے خود اپنے خون سے نہانے کا انتظام کر دیا تھا۔ مجھے خفت اور شرمندگی سے زیادہ اپنے اوپر غصہ آ رہا تھا کہ میں چچا کے ایسے صاف اور کھلے ہوئے چرکے میں کیسے آ گیا؟

دوسرے روز چچا ملے۔ پہلے تو خوب دل کھول کر ہنسے پھر معذرت خواہ لہجے میں بولے "تمھارے سر کی قسم مجھے معلوم نہ تھا کہ یہ مرزا بہادر بیگ کا بچہ اپنے وطن سے ایک چھوٹی دودو بیویاں لے آیا ہے۔ خیر تم چاہو تو غسل کے لئے میرے گھر آ سکتے ہو" میں نے ہاتھ جوڑ کر اس دوسری دعوت کو قبول کرنے سے معذوری ظاہر کی اور چلا آیا۔

اس واقعے کے کچھ دنوں بعد سے فسادی چچا ہفتے میں ایک یا دو دفعہ میرے گھر آ جاتے لیکن میں نے ایک سرے سے قسم کھا رکھی تھی کہ میں نہ تو ان کی کسی بات کو صحیح سمجھوں گا اور نہ اُن کے کسی مشورے پر عمل کروں گا۔ اور سچ پوچھئے تو وہ خود بھی اب صرف رسمی باتیں کرتے اور مجھے کوئی مشورہ نہ دیتے۔ گرگ باراں دیدہ تھے لہذا جانتے کہ پچھلے تلخ تجربے کے بعد یہ میری ایک نہ مانے گا۔

ایک روز وہ مجھے راستے میں مل گئے۔ پوچھا کہ کہاں جا رہے ہو؟ میں نے بتایا کہ ناصر صاحب کی دُکان سے ڈبل روٹی اور مکھن لینے جا رہا ہوں۔ کہنے لگے "خوب یاد آ گیا عبدالقدوس ملے تھے اور اُن کو بہت بہت سلام کہا ہے اور خیریت پوچھی ہے۔ تم جا رہے ہو تو کہہ دینا"۔ میں کیا جانتا کہ اس سیدھی سادی بات میں بھی فتنہ و فساد کا کوئی پٹاخا چھپا ہے۔ میں ناصر صاحب سے ابھی ٹھیک سے چچا کی پوری بات ابھی نہ کہہ پایا تھا کہ وہ جامے سے باہر ہو گئے اور لگے اول فول بکنے اور پھر ایک دفعہ بندر کی طرح خونخوار

وہ دوڑ ہی تو پڑے مجھ پر ـــــ یہ دوسرا موقع تھا جب مجھے بھاگ کر اپنے گھر میں روپوش ہونا پڑا تھا۔

بعد میں محلے والوں سے تحقیقات کرنے پر پتہ چلا کہ عبدالقدوس نے نہ صرف ناصر صاحب کی بہن سے ان کی مرضی کے خلاف شادی کر لی تھی بلکہ ایک دفعہ سربازار ان کی مرمت بھی کر دی تھی لہٰذا اب ناصر صاحب کے سامنے عبدالقدوس کا نام لینا ویسا ہی تھا جیسے کسی مرکھنے بیل کو سرخ رومال دکھانا۔ کئی روز بعد فسادی چچا ملے تو میں نے خود ہی پکار کر کہا "چچا یہ دوسری باؤنڈری تھی"۔ قہقہہ لگاتے ہوئے بولے "تمہارے سر کی قسم میں کیا جانتا تھا کہ یہ ناصر اتنا پاگل ہے!"

اس واقعہ کے بعد بھی چچا میرے یہاں آتے رہے لیکن مجھے پہلے سے بھی زیادہ محتاط دیکھ کر خود بھی اپنی باتوں میں بڑی احتیاط برتنے لگے تھے۔ اس کے باوجود ہم دونوں کے درمیان ایک خاص قسم کا خلوص اور یگانگت تھی مگر اس کو نہ میں ظاہر کرتا اور نہ وہ۔

ایک روز جب کہ میں دفتر جا رہا تھا مجھے راستے میں ملے اور بڑے رقت انگیز لہجے میں بولے "میاں آج میری کمر ٹوٹ گئی میرا بچپن کا دوست اور ساتھی رام ناتھ چل بسا۔ بیچارہ پندرہ دن سے فالج میں مبتلا تھا۔ ہاتھ پیر کیا زبان تک ہلانے سے مجبور تھا۔ خیر اُس کی تو مٹی سوارت ہو گئی لیکن میرا لطفِ زندگی ختم ہو گیا۔ عجب باغ وبہار طبیعت پائی تھی اُس نے!"

میں نے اظہار ہمدردی میں کچھ جملے کہے تو فرمایا "آؤ کھڑے کھڑے تم بھی نہ ہو لو اُس کے گھر! محلے کا معاملہ ہے ایک دوسرے کے غم میں ضرور شریک ہونا چاہیئے۔"

میرے دماغ میں خطرے کی گھنٹی بجنے لگی۔ لیکن سمجھ میں کچھ نہ آیا کہ کیا کروں؟ سامنے ہی رام ناتھ جی کا مکان تھا۔ فسادی چچا کے ساتھ میں بھی اندر چلا گیا لیکن دل میں

اس یقین کے ساتھ کہ رام ناتھ جی مرے ہرگز نہ ہوں گے۔ مگر وہاں پہونچ کر فسادی چچا کا قول صحیح پایا رام ناتھ جی واقعی مر گئے تھے اور ان کی نعش کو شمشان بھومی لے جانے کی تیاری کی جا رہی تھی۔ چچا ارتھی کے سرہانے کھڑے زار و قطار رو رہے تھے۔ کچھ دیر بعد سسکیاں لیتے ہوئے مجھ سے مخاطب ہوئے "اچھا تم جاؤ دفتر کی دیر ہو رہی ہوگی البتہ راستے میں چوراہے پر ڈکشٹ جی کی دکان پر اور آگے بڑھ کر نانک چند وکیل کو ضرور اطلاع کرتے جانا کہ رام ناتھ آج سویرے گذر گئے اور ارتھی بس اٹھنے ہی جا رہی ہے۔"

میں نے چچا کی ہدایت کے بموجب ڈکشٹ جی اور نانک چند وکیل کو اطلاع دے دی جب ان دونوں نے پوچھا کہ آخر مرحوم بیمار کیا تھے؟ تو انتہائی سادہ لوحی سے کہہ دیا کہ چند دن سے فالج میں مبتلا تھے۔

شام کو میں دفتر سے آیا تو کچھ دیر بعد ایک صاحب تشریف لائے اور پوچھا "کیوں صاحب۔ رام ناتھ جی کیا فالج سے مرے تھے؟" میرے منھ سے بے اختیار نکلا۔ "جی ہاں!" کچھ دیر بعد میں چونکا تو وہ صاحب جا چکے تھے۔ تھوڑی ہی دیر میں ایک دوسرے بزرگ نمودار ہوئے "آپ کو معلوم ہے کہ رام ناتھ کا کس مرض میں دیہانت ہوا ہے؟" میں نے انتہائی صاف گوئی سے عرض کیا "جی نہیں" اور یہ جواب سنتے ہی وہ بزرگ بھی تیزی سے روانہ ہو گئے۔ میری سمجھ میں نہ آیا کہ آخر یہ معاملہ کیا ہے اور رام ناتھ کی موت کا سبب مجھ سے کیوں پوچھا جا رہا ہے؟

دوسرے روز سویرے دس بارہ آدمیوں کا ایک غول انتہائی بے تکلفی سے میرے چھوٹے سے کمرے میں گھس آیا۔ ایک گول مٹول شخص نے کڑک کر مجھ سے پوچھا "آپ کو معلوم ہے کہ رام ناتھ کس مرض میں مرے؟" میں نے گربہ مسکین بنتے ہوئے کہا "جی نہیں!" اور فوراً غول کے ایک گروہ سے آوازیں بلند ہوئیں "جھوٹا!" "مکار!" "توڑ لیا گیا ہے یہ کم بخت" دوسرے گروہ نے فوراً لقمہ دیا "سچ کہہ رہا ہے یہ" "بہتان تراشا گیا تھا اس پر"

"یہ رام ناتھ کو کیا جانے؟"

پہلے گروہ کے ایک بڑی بڑی مونچھوں اور چھوٹی چھوٹی آنکھوں والے سورما نے آستین چڑھاتے ہوئے آگے بڑھ کر پوچھا "آپ نے ڈکسنٹ جی اور نانک چند سے یہ نہیں کہا تھا کہ رام ناتھ فالج میں مرے ہیں؟" میں نے پسینہ پونچھتے اور ہکلاتے ہوئے جواب دیا "جی ہاں کیا تھا!" اور پھر دونوں گروہوں سے عجیب وغریب آوازوں کا ایک شور وغوغا اُٹھا۔

"دیکھا آپ نے؟ گھڑی میں کچھ اور گھڑی میں کچھ اس بے ایمان کا کیا اعتبار؟" "سچ کبھی چھپا نہیں" جعلی وصیت نامے پر شاید اس کے بھی دستخط ہیں" "وصیت نامہ جعلی کیسے ہو سکتا ہے؟" "جعلی نہیں تو کیا اصلی ہے؟" وغیرہ وغیرہ اور پھر کسی صاحب نے کسی صاحب کے ایک چپت جمادی جو بارش کا پہلا قطرہ ثابت ہوا یعنی اس کے بعد ایک گروہ دوسرے گروہ پر پل پڑا اور باقاعدہ مار پیٹ شروع ہوگئی۔ میری میز کرسیاں۔ کتابیں۔ کھونٹیاں۔ جوتے۔ گلاس۔ صراحی لیمپ وغیرہ اسلحات جنگ کا کام دے رہے تھے!

اس سے قبل دو موقعوں پر میں نے سڑک سے بھاگ کر اپنے کمرے میں پناہ لی تھی لیکن اس موقع پر اپنے کمرے سے بھاگ کر مجھے سڑک پر پناہ لینی پڑی!

میرے اوپر فسادی چچا کا یہ تیسرا اور آخری حملہ تھا کیونکہ اپنے کمرے کے میدان جنگ بنائے جانے کے چند ہی گھنٹوں بعد اپنے سامان کے باقیات صالحات کو لے کر میں ایسا بھاگا کہ محلے والے اب تک میرا پتہ پوچھتے ہیں۔ بعد میں معلوم ہوا کہ میرے کمرے میں جو دو گروہ لڑے تھے وہ رام ناتھ کے ورثا اور ان کے متعلقین تھے اور ان کے درمیان مرحوم کا ایک وصیت نامہ بنائے مخاصمت تھا اور اس کے اصلی یا جعلی ہونے کا بہت کچھ دار ومدار مرحوم کا مرض الموت تھا۔

چند ماہ ہوئے بیچارے فسادی چچا بھی اللہ کے پیارے ہو گئے۔ لیکن مرحوم نے مرنے کے بعد جو شگوفہ چھوڑا وہ یقیناً ان کا شاہ کار تھا۔

محلے میں سلیمن بوا اپنی زبان درازی کے لیے مشہور تھیں۔ وہ اکثر فسادی چچا کو گالیاں اور کوسنے دیا کرتیں جو وہ ہنس کر پی جایا کرتے۔ البتہ انھوں نے مذاقاً یہ ہوائی اُڑا رکھی تھی کہ سلیمن بوا کے سب سے بڑے لڑکے کے باپ وہ خود ہیں۔ سلیمن بوا اشارتاً اور کنایتاً بھی اس کی بھنک پاتیں تو فسادی چچا کی سات پشتوں تک کے پیاز کے ایسے چھلکے اتار کر رکھ دیتیں مگر فسادی چچا پر کچھ اثر نہ ہوتا اور وہ قہقہے ہی لگاتے رہتے۔

فسادی چچا مرے تو پتا چلا کہ وہ اپنے مکان۔ دوکان بلکہ جملہ جائیداد کا وارث سلیمن بوا کے بڑے لڑکے کو اپنا لڑکا بتا کر کر گئے ہیں۔ سلیمن بوا جو پہلے اپنے بوسیدہ کچے مکان میں نہایت عسرت کی زندگی بسر کرتی تھیں اب فسادی چچا کے طفیل میں ان کے کشادہ مکان میں اپنے بچوں کے ساتھ انتہائی فارغ البالی کی زندگی بسر کر رہی ہیں۔ البتہ اب بھی جب فسادی چچا کا نام آجاتا ہے تو وہ انھیں ہزاروں صلواتیں سناتی ہیں اور 'جہنمی' کے لقب سے یاد کرتی ہیں۔ یقیناً اگر 'جہنمی' زندہ ہوتے تو اپنے اس آخری مذاق سے جی بھر لطف اندوز ہوتے۔ ؏ حق مغفرت کرے عجب آزاد مرد تھا۔

گھن چکّر

میرے ایک پروفیسر کو کتوں سے سخت نفرت بلکہ ان کے نام ہی سے چڑھ تھی۔ لیکن جب ان کے ہمسائے کے کتے نے ان کی کمزوری کا ناجائز فائدہ اٹھاتے ہوئے انھیں ضرورتاً سے زیادہ چھیڑنا شروع کر دیا تو مجبوراً انھوں نے بھی ایک بھیانک قسم کا کتا پال لیا تاکہ جس صورت سے ہمسائے کا کتا ان کے لئے خواب پریشاں بنا ہوا تھا اسی صورت سے ان کا کتا ہمسائے کیلئے وبال جان بن جائے اور دونوں طرف ہیں ڈاگ برابر لگے ہوئے" والا مضمون درپیش ہو جائے۔ قریب قریب کچھ ایسی ہی صورت حال اور اسی قسم کی نیت سے مجھے گھن چکر جیسے عظیم الشان بور (BORE) سے تعلقات پیدا کر کے انھیں اپنے گھر بلانے کی مجبوری لاحق ہو گئی تھی۔

نام کچھ اور تھا لیکن ان کی لفاظی، چرب زبانی اور بے پناہ قوت گویائی کے باعث کسی مسخرے نے انھیں گھن چکر کا لقب دے دیا تھا جو اس قدر مقبول ہوا کہ پھر اس کے مقابلے میں ان کا اصلی نام یاد رکھنے کی ضرورت باقی نہ رہی تھی۔ گفتگو کی تیز رفتاری اور خلا میں لامتناہی پرواز کی رعایت سے انھیں راکٹ بھی کہا جا سکتا تھا لیکن غالباً گھن چکر کے لقب سے ان کی اس صلاحیت کی طرف واضح اشارہ مقصود تھا کہ وہ گھوم پھر کر دائرول

میں گفتگو کرتے اور ایک بات میں سینکڑوں باتیں پیدا کر کے اور آم کی گٹھلی سے جامن کا درخت نکال کر اس میں کھجور کی قلم باندھتے اور اس سے خربوزے توڑ کر سننے والے کو زندگی سے بیزار یا پھر آزاد بے پیکار کر دیتے۔ وہ بات شروع کہیں سے کرتے اور ختم کہیں پر ختم تو وہ کوئی بات کبھی کرتے نہ تھے ۔ اسے کداتے پھنداتے، طرح طرح کی قلابازیاں لگاتے اور زمین و آسمان کے قلابے ملاتے نہیں معلوم کہاں سے کہاں پہنچا دیتے ۔ ان کی ہر بات بچہ دیتی ہوئی چلتی اور پھر جب بچوں کے بچے اور ان کے بچے ضبط تولید کے تمام قیود توڑ کر لاتعداد اور بے شمار ہونے لگتے تو پھر ان کے مورث اعلیٰ کا مفقود الخبر اور سامعین کا مخبوط الحواس ہو جانا نہ صرف ضروری بلکہ لازمی ہو جاتا۔

"گھن چکر" دنیا کے ہر موضوع پر بلکہ بہت سے موضوعات پر بہ یک وقت ہفتوں اور مہینوں بے ساختہ اور بے تکان بول سکتے تھے ۔ ان کے معلومات کا ذخیرہ ان کی قوت گویائی سے بھی دو چار جوتے آگے تھا۔ کہنے کو تو وہ گریجوٹ تھے اور پچیس سال کا طویل عرصہ انھوں نے علم کی تلاش میں (یا علم نسواں کی تلاش میں) صرف کر کے وہ ایک ننھی منی ڈگری سے بھی سرفراز ہو چکے تھے (یا ممکن ہے کہ ان سے چھٹکارا پانے کے لئے یونی ورسٹی کے ذمہ داران نے اس ڈگری کا الزام زبردستی ان کے سر تھوپ دیا ہو) لیکن ان کے بیشتر معلومات ہر قید و بند سے آزاد اور طبع زاد بلکہ مادر زاد تھے ۔ ان کا سر چشمہ ان کے جملہ حقوق محفوظ، قسم کے ذاتی تجربات اور شاہدات تھے اور یا پھر ان کی لن ترانیاں اور بدحواسیاں۔

چونکہ وہ ہر موضوع پر یکساں عبور رکھتے لہذا انھیں اپنی گفتگو کا موضوع تلاش کرنے میں کوئی دشواری نہ ہوتی ہر موضوع کے متعلق وہ شبہ کا فائدہ ہمیشہ دوسروں کو دیتے ۔ لہذا زیادہ تر وہ دوسروں کی گفتگو کے درمیان دخل در معقولات کرتے ہوئے گھس جانے کے عادی تھے کہیں جنازہ رکھا ہوتا اور مرحوم کے اوصاف و خصائل پر روایتی گفتگو ہو رہی ہوتی ۔ وہ پہنچ جاتے تو انھیں اپنے "گھن چکری" جوہر بلکہ جواہرات دکھانے کے لیے صرف موضوع کی بو

سونگھ لینا کافی ہوتا۔ وہ ایک دم سے چیخ پڑتے : "جی ہاں مرحوم کو آم بھی بہت مرغوب تھے بلکہ سچ پوچھیے تو اسی شوق کی بدولت انھیں اپنی زندگی سے ہاتھ دھونا پڑا۔" مرحوم کے اعزا حیرت سے ان کا منہ تکتے رہ جاتے اور وہ آموں کے متعلق ایک مفصل مقالہ پڑھ دینے کے بعد ان کے اقسام بیان کرنا شروع کر دیتے۔ پھر ہندوستان میں آم کی قلمیں لگائے جانے کے امکانات پر قیاس آرائی کرنے لگتے۔ پھر عام جغرافیائی حالات کے ساتھ موسمیات پر جولانی طبع دکھانے لگتے۔ موسمیات کی گفتگو میں مختلف ممالک کے مختلف موسموں کے اثرات کا ذکر چھڑ جانا ایک قدرتی بات تھی اور پھر ان گلی کوچوں سے کترا کر نکل آنے کے بعد وہ دنیا کی عام سیاسیات کے لق و دق صحرا میں پہنچ جاتے اور یہاں انھیں اپنے راکٹ اسٹنک اور جوہراتی بم چھوڑنے کے بے پناہ موقعے مل جاتے۔

گھن چکر کی یادہ گوئی اور ہذیان سرائی سے سارا محلہ آسیب زدہ معلوم ہوتا۔ ان کے نظر پڑتے ہی لوگ گھبرا جاتے، ان کے گھر کی طرف تو کسی واقف کار کے رُخ کرنے کا کوئی سوال ہی نہیں پیدا ہو سکتا تھا۔ کس کی شامت آئی تھی جو آ بیل مجھے مار، والی مثل اپنے اوپر صادق کرتا؟ وہ خود جس کے گھر پہنچ جاتے وہ رسیاں تڑانے لگتا اور کوئی نہ کوئی بہانہ کرکے خود اپنے گھر سے بھاگ نکلتا۔ راستے میں وہ دکھائی پڑتے تو لوگ منہ پھیر کر اور غائبانہ لاحول پڑھتے ہوئے دوسری طرف چل دیتے۔ غرض کہ محلہ بھر انھیں شیطان یا جلاد سے کم نہ سمجھتا۔ شاید انھیں خود بھی احساس ہو چلا تھا کہ ان کی بے پایاں معلومات سے مستفید ہونے کے بجائے لوگ بھاگتے اور کنّی کاٹتے ہیں لہذا جو کوئی بھولا بھٹکا مسافر ضرورت مند یا اپنی جگہ سے نہ ہٹ پانے والا دکان دار، انھیں موقع سے مل جاتا تو وہ اپنی پوری کسر اسی غریب سے نکال لیتے اور اس پر اپنے معلومات کے ٹوکروں پر ٹوکرے انڈیل کر اپنی زبان کی مقررہ روزانہ ورزش میں ہرگز کوئی فرق نہ آنے دیتے۔

ایسی یگانۂ روزگار ہستی سے دوستی کر کے میں نے جو تاریخی حماقت کی اس کی ذمہ داری میرے گھر کے جغرافیہ پر تھی جو حد سے زیادہ غلط قسم کا واقع ہوا تھا۔ میرے گھر کے دائیں جانب ایک میر صاحب رہتے جو افیون کے شہید ہونے کے علاوہ میر تقی میر کے بڑے شیدائی تھے اور بائیں جانب ایک مرزا صاحب رہتے جو کبوتروں کے عاشق زار ہونے کے ساتھ مرزا غالب کے زبردست طرف دار تھے۔ ان دونوں کے درمیان یہ بحث مسلسل سولہ سال سے چل رہی تھی کہ میر اور غالب میں کون بڑا شاعر ہے اور اس سلسلے میں اپنے اپنے امیدوار کو اونچا کرنے اور آگے بڑھانے سے زیادہ ان کی یہ کوشش رہتی کہ دوسرے کے امیدوار کی پگڑی اچھال کر اس کی ٹانگ گھسیٹ لی جائے۔ اگر ایک غالب کو شعریت سے عاری اور مہمل گو کہتا تو دوسرا میر کو ایذا پسند اور مبتذل گو گردانتا بلکہ شاید ہی کوئی ایسا الزام باقی رہ گیا ہو جو آئے دن ان عظیم المرتبت لیکن قابل رحم شعرا پر حملے یا جوابی حملے کے طور پر ایک افیونی اور دوسرے کبوتر باز کی جانب سے نہ تراشا جاتا ہو۔ یہ بحث جتنی طویل سے طویل تر اتنی ہی تلخ سے تلخ تر ہوتی جاتی۔ بارہا آستینیں چڑھ چکی تھیں اور اکثر تھوڑی بہت دھول دھپا بھی ہو چکی تھی لیکن دونوں عادت سے مجبور تھے اور روزانہ بلا ناغہ آپس میں بحث کئے بغیر شاید زندہ ہی نہیں رہ سکتے تھے۔ اب شومیٔ قسمت سے میرا مکان دونوں حضرات کے مکانوں کے بیچ میں واقع ہوا تھا لہذا دونوں نے میرے ہی گھر پر اکھاڑہ قائم کر رکھا تھا۔

آندھی آئے، پانی برسے یا لو چلے، سویرا ہوتے ہی دائیں جانب سے میر صاحب اور بائیں جانب سے مرزا صاحب لپکتے جھپکتے آتے اور میرے برآمدے میں پڑی ہوئی کرسیوں پر آکر آمنے سامنے رونق افروز ہو جاتے۔ پہلے کچھ افیون کی گرانی اور کبوتروں کی بے وفائی پر ہلکا پھلکا تبصرہ ہوتا۔ پھر میر صاحب میر تقی میر کی شان میں ایک قصیدہ پڑھتے اور غالب پر کچھ چھینٹے کستے۔ اس پر مرزا صاحب فوراً آتش زیر پا ہو جاتے اور غالب کی

مدح سرائی کے بعد میر پر کیچڑ اچھالنے کی کوشش کرتے پھر دونوں میں کچھ اس قسم کے اشعار کا تبادلہ ہوتا۔

ہوا ہے شہ کا مصاحب پھرے ہے اتراتا وگرنہ شہر میں غالب کی آبرو کیا ہے
پھرتے ہیں میر خوار کوئی پوچھتا نہیں اس شاعری میں عزت سادات بھی گئی"

اب گویا بارود میں چنگاری پڑ جاتی اور دونوں میں کچھ ایسی ہم تیغ بجتی جیسے کسی بند جگہ پر دو کتے لڑ نہیں بلکہ ڈنڈوں سے مارے جا رہے ہوں۔ ایسے موقعے پر مجھ دنیا سازی سے مجھے درمیان میں آ جانا پڑتا " اجی ہٹائیے اس بحث کو۔ بتائیے آپ حضرات چائے پئیں گے یا شربت؟" میر صاحب بولتے " چائے!" مرزا صاحب کہتے " شربت!"

میں اس امید پر گھر کے اندر چائے اور شربت کے انتظام میں بھاگ جاتا کہ جب تک لوٹ کر آؤں گا یہ حضرات سر پھٹول کر کے اسپتال یا حوالات روانہ ہو چکے ہوں گے۔ لیکن پلٹ کر آتا تو دونوں کو سرخ چہروں اور چڑھی ہوئی آستینوں کے ساتھ اپنی اپنی کرسیوں پر بدستور چپکا اور غراتا ہوا پاتا۔ چائے اور شربت کی موجودگی میں بحث کچھ دائرۂ اعتدال میں آ کر ایک دوسرا رخ اختیار کر جاتی۔

مرزا صاحب۔" اجی کیا شعر کہہ دیا ہے غالب لاجواب نے ؎

ہم وہاں ہیں جہاں سے ہم کو بھی کچھ ہماری خبر نہیں آتی"

میر صاحب " غالب کو طرفدار ضرور ملے لیکن افسوس سخن فہم کبھی نصیب نہ ہو سکے۔ آپ یہ شعر پڑھ کر صرف اس بات کا ڈھنڈورا پیٹ رہے ہیں کہ غالب نے خدائے سخن میر کے کلام سے کیسی کیسی چوریاں اور سینہ زوریاں کی ہیں۔"

مرزا صاحب۔ اجی کیا کفر بک رہے ہیں آپ؟ غالب اور میر کی خوشہ چینی؟ خود لعل و جواہر لٹانے والا بازار کے ٹھیکروں پر نظر بھی نہیں ڈال سکتا۔"

میر صاحب۔" بس! بس! زبان نہ کھلوائیے۔ چار جزو کا دیوان اور اس میں بھی مانگے تانگے

کا سامان! اب آپ کا پڑھا ہوا غالب کا شعر میر کے اس شعر کا چربہ نہیں تو اور کیا ہے ؎

بے خودی لے گئی کہاں ہم کو
دیر سے انتظار ہے اپنا"

مرزا صاحب۔ (قہقہہ لگاتے ہوئے)۔ "بس حد کر دی قبلہ آپ نے لعل و جواہر ہمیشہ ترازو ہی میں تلتے ہیں کنکر پتھر کی طرح ان کے چٹّے نہیں لگائے جاتے۔ اب آپ کو غالب کا ہر شعر میر کے کسی نہ کسی شعر کا چربہ نظر آتا ہے تو معاف کیجئے گا اس میں غالب کا نہیں آپ کی سخن فہمی کا قصور ہے۔ انہیں اشعار میں دیکھئے کہاں حضرت غالب کا شیر اور کہاں بیچارے میر کی بکری۔"

میر صاحب۔ "اجی حضت! قصور معاف! میر کا شعر آپ کی فہم سے بالا تر ہے۔ غالب کا شعر اس کے پاسنگ کے برابر بھی نہیں ہے۔ اسی کو سرقۂ مذموم کہتے ہیں۔"

مرزا صاحب۔ "جی ہاں محترم یہ سرقۂ مذموم نہیں بلکہ شگوفۂ معصوم ہے میر کے شعر میں لفظ انتظار نے سارا مزا کرکرا کر دیا۔ ہم خود اپنا انتظار کر رہے ہیں تو اس میں وارفتگی، ربودگی اور محویت کیا باقی رہی ہے؟"

اور پھر اس شدت سے دونوں اشعار کی باریکیوں پر بحث کیا، جنگ و جدال ہوتا کہ ان دونوں ہی اشعار کا اطلاق ہمارے ایسے مظلوم اور مجبور سامع پر ہونے لگتا۔

یہ بحث کچھ دھیمی پڑنے لگتی تو میر صاحب کوئی نیا شگوفہ چھوڑ دیتے "لیکن حضت میر نے غالب کی طرح ایسے مہمل اور سنگلاخ اشعار کبھی نہیں بکے ؎

شوخیِ نیرنگ صیدِ وحشتِ طاؤس ہے
دام سبزہ میں ہے پروازِ چمن تسخیر کا"

مرزا صاحب۔ "حضور والا۔ یہ تو ادب عالیہ ہے۔ غالب، جہلا کے لئے میر کی طرح ایسے مبتذل اشعار کبھی نہیں کہتے تھے ؎

آشنا ڈوبے بہت اس دور میں
گرچہ جامہ یار کا کم گھیر ہے

اب اس نئی بحث کا خاتمہ اس وقت تک نہ ہوتا جب تک میر صاحب کو اپنی افیون اور مرزا صاحب کو اپنے کبوتر یاد نہ آجاتے اور جب بادل ناخواستہ یہ دونوں حضرات

دوسرے دن آکر اپنے اپنے مخالف شاعروں کے پرزے اڑا ڈالنے کا وعدہ کرتے ہوئے اپنے اپنے گھروں کو سدھارتے تو میرا دماغ قریب قریب ماؤف ہو چکا ہوتا اور دوسرے دن کے لیے زندہ رہنے کی کوئی تمنا میرے دل میں باقی نہ رہتی۔

سخت عاجز کر رکھا تھا اس جوڑی نے اپنی بحث سے! کوئی دوسرا مکان ہی نہیں ملتا تھا ورنہ میں تو ایسے مکان پر جو ہمیشہ دو غنیموں کا میدان جنگ بنا رہتا لعنت بھیجکر نہیں معلوم کب کا بھاگ چکا ہوتا۔

یہ حالات تھے جن کے ماتحت مجھے طوعاً و کرہاً گھن چکر کو اپنے گھر بلانا پڑا۔ اُن کے لیے مشہور تھا کہ وہ نہیں معلوم کتنی محفلیں درہم برہم کر چکے اور ایک مرتبہ جب وہ ایک ایسے کلب کے ممبر ہو گئے تھے کہ جس کے ممبر قریب پچاس کے تھے تو ایک ہی ماہ بعد وہ صرف تنہا ممبر رہ گئے تھے۔

میر صاحب اور مرزا صاحب حسب دستور تشریف لا کر اپنی اپنی کرسیوں پر بیٹھ گئے اور چونکہ ان دونوں ہی بزرگوں کو یہ غلط فہمی لاحق تھی کہ میں ان کی ہرزہ سرائی اور اپنے تضیع اوقات سے ضرورت سے زیادہ مستفید اور محظوظ ہوتا ہوں۔ لہذا معمول کے مطابق بحث کے آغاز میں مجھ سے رسمی چھیڑ چھاڑ، افیون اور کبوتروں کا تبرکاً کچھ تذکرہ کرنے کے بعد وہ اپنے اپنے مورچوں پر ڈٹ گئے اور لگے غالب اور میر کے قلعوں پر گولہ اندازی کرنے ـــــ اور پھر ایک دم سے بلائے ناگہانی کی طرح "گھن چکر" نازل ہو گئے!

قاطع اعمار ہیں اکثر نفوس وہ بلائے ناگہانی اور ہے

انھوں نے خود دم لینے کے لئے میر صاحب اور مرزا صاحب کو چند لمحوں کا موقع دیا اور پھر وہ ان دونوں پر بیک وقت ایسا جھپٹے جیسے کسی بھوکے کتے کو دو رسیلی ہڈیاں ساتھ ساتھ مل جائیں۔

گھن چکر چیخے: "اجی یہ آپ لوگ کیا گڑی ہوئی ہڈیاں نکال نکال کر چچوڑ رہے ہیں۔ میر اور غالب کو اپنی اپنی جگہوں پر چھوڑیئے۔ میں نے تو اگر کسی شاعر کو واقعی شاعر پایا تو وہ حضرت سلفہ تھے۔ کیا دماغ پایا تھا ظالم نے۔ وہ شعر کہتا نہیں بلکہ ڈھالتا تھا۔ اشاروں ہی اشاروں میں ایسے پتے کی بات کہہ جاتا تھا کہ بس داد دیتے دیتے جان دے ڈالنے کو جی چاہنے لگتا ہے

کبھو ہیں کسی سے نہ شکوہ کروں گا　　　جو سلفہ بھروں گا تو سلفہ پیوں گا

اب اسی شعر میں جیسی کرنی ویسی بھرنی کے اصول کو تخلص کے شاہکار تصرف کے ساتھ کس دلآویزی سے بیان کر دیا ہے کم بخت نے کہ بس واہ! واہ! نہیں معلوم کون سی مشین لگی تھی اس کے دماغ میں۔ ادھر اس کے کان میں نثر ڈال دیجئے اور ادھر فوراً اس کے منہ سے نظم اگلوا لیجئے۔ نامنجار کو بکریاں پالنے کا بھی غضب کا شوق تھا۔ ایک روز میرے ساتھ تیتر کا شکار کھیلنے گیا ـــ اور پھر جو گھن چکر کی چرخی چلی ہے تو میر صاحب اور مرزا صاحب منہ کھولنے کو ترس گئے۔ گھن چکر کی گفتگو کے عنوانات کچھ اس قسم کے تھے۔

ارادہ کرنا گھن چکر اور سلفہ کا شکار کا۔ تیاری شکار مع انتظامات بالتفصیل۔ بحث درمیان گھن چکر و زوجہ گھن چکر بابتہ اقسام طعام ناشتہ فضائل کدو بہ زبان زوجہ گھن چکر فضائل بینگن بہ زبان گھن چکر۔ کھو جانا بندوق گھن چکر کی بر وقت روانگی شکار۔ تلاش بندوق مع مکالمات متفرقہ خانہ تلاشی سلفہ کے گھر کی۔ مل جانا بندوق کا ایک نالی میں۔ مکالمہ گھن چکر و برادر سلفہ بابت سرقۂ بندوق بالفاظ تلخ و ترش یاد دلانا سلفہ کا گھن چکر کو بابت دینے بندوق عاریتاً۔ روانہ ہونا گھن چکر اور سلفہ کا سفر شکار پر مع قطعہ روانگی مصنفۂ سلفہ۔ مصائب سفر بالتفصیل و با تصویر مع لطائف و ظرائف۔ پہنچنا ایک جنگل میں اور دکھائی پڑنا ایک حسینہ کا لپکنا شکاریوں کا جانب حسینہ اور آ جانا درمیان میں ایک ریچھ کا۔ بھاگنا سلفہ کا مع بندوق و ناشتہ دان۔ لڑنا گھن چکر کا کشتی ریچھ سے

تفصیلات داؤ پیچ کشتی کے۔ مارا جانا زیچھ کا اور واپس آنا سلفہ کا ایک درخت کے اوپر سے۔ لگنا بھوک کا گھن چکر کو اور خالی پانا ناشتہ دان کا۔ شرمندہ ہونا سلفہ کا اور کہنا قطعہ وفات ریچھ کا ------

میر صاحب اور مرزا صاحب دونوں کرسیاں چھوڑ کر بھاگ نکلے۔

دوسرے روز پہلے مرزا صاحب آتے دکھائی دیے لیکن انھوں نے گھن چکر کو میرے برآمدے میں دیکھ کر الٹے پیروں بھاگنا شروع کر دیا۔ گھن چکر نے آواز دے کر انھیں بلایا بھی لیکن انھوں نے یہ کہتے ہوئے اپنی واپسی کی رفتار اور بھی تیز کر دی۔ ع کیوں نہ بھاگوں کہ یاد کرتے ہیں۔ دوسری جانب سے میر صاحب آرہے تھے انھوں نے جو گھن چکر کو مرزا صاحب کو پکارتے سنا تو یہ سمجھ کر کہ یہ آواز اسی خانہ خراب کی سی ہے" فوراً ایک قریبی گلی میں مفرور ہو گئے۔

مجھے میر صاحب اور مرزا صاحب دونوں سے نجات تو حاصل ہو گئی لیکن اب روز علی الصباح جب گھن چکر آکر میرا دماغ روئی کی طرح دھنکتے اور میرے ہوش و حواس کے سلفے بھر بھر کر پیتے ہیں تو مجھے اپنے وہ بچھڑے ہوئے بزرگ بہت یاد آتے ہیں ؂

بھاگے تھے ہم بہت سو اسی کی سزا ہے یہ
ہو کر اسیر دابتے ہیں راہ زن کے پاؤں

چھکّا صاحب

ہمارے قصبے میں کیا خود ہمارے محلے میں ایک ماہرِ کرکٹ رہتے ہیں، جنھیں اپنی گستاخی کے ماتحت محلے کے کچھ لڑکوں نے چھکا صاحب کہنا شروع کر دیا تھا۔ اور پھر اُن کا یہ لقب اس قدر مقبول ہوا کہ اس کے مقابلے میں اُن کا اصلی نام کچھ اس طرح گم ہو کر رہ گیا تھا، جیسے کسی عظیم الشان چھکے کے بعد گیند۔

چھکا صاحب کو کرکٹ کے متعلق اس قدر معلومات تھیں اور وہ اس کی ہر پھانس کا ایسا بانس اور ہر رائی کا ایسا پہاڑ بنا کر کھڑا کر دیتے کہ بہت سے سننے والوں کو کبھی کبھی شبہ ہونے لگتا کہ شاید یہ کھیل خود انھیں نے ایجاد کیا تھا۔ کرکٹ کے بڑے سے بڑے کھلاڑی اور کپتان پر اعتراض کر بیٹھنا اور اُسے طفلِ دبستاں ثابت کر دینا وہ اپنا پیدائشی حق سمجھتے۔ نتھو، بدھو، خیرو کا تو ذکر ہی کیا، بڑے بڑے بین الاقوامی شہرت والے کھلاڑیوں کی کمزوریاں اور دُکھتی رگیں اُن کے حافظے میں ایسی محفوظ تھیں جیسے کسی تھانے میں بدمعاشوں کی ہسٹری شیٹ۔

اور پھر ہر قابلِ ذکر کھلاڑی کی اصلاح اور تربیت کے وہ ایسے مجرب اور مستند نسخے بتاتے کہ اگر وہ خود انھیں سُن پاتا تو یقیناً کرکٹ سے تائب ہو کر ہمیشہ کے لیے میدان سے بھاگ نکلتا۔ بدقسمتی سے اگر کبھی چھکا صاحب کے ساتھ کسی میچ کی کمنٹری سننے کا اتفاق ہو جاتا

تو کرکٹ کے رموز و اسرار کے ندی نالے کیا دریا اور سمندر بہ نکلتے۔ وہ ایک ایک گیند پر اس قابلیت سے بے ساختہ تبصرہ کرتے جاتے کہ دونوں ٹیموں کے ہر کھلاڑی پر بے اختیار غصہ آنے لگتا کہ اس کو کھیل ویل تو آتا نہیں مفت میں سب کو بے وقوف بنا کر وقت خراب کر رہا ہے۔ بڑی خود اعتمادی سے فرماتے۔ اس موقع پر اس بولر کو نہیں اس بولر کو گیند پھینکنا چاہیے تھا۔ یہی وقت تھا کہ بیپر بلا ناچاہیے تھا۔ بیٹس مین کو یہ گیند یوں کھیلنا چاہیے تھا۔ ہائے ہائے اسکوائر لیگ کی کیسی باؤنڈری کھودی۔ سلپ خالی پڑی تھی۔ گیند کو ذرا سا بس اشارہ کر دیتا تو کم از کم دو رن تو کہیں نہیں گئے تھے۔ فیلڈنگ کی ترتیب بالکل ہی بے تکی ہے۔ فلاں کپتان گھاس کھا گیا ہے۔ فلاں جگہ فلاں کھلاڑی کو ضرور موجود رہنا چاہیے تھا۔ فلاں بولر کپتان کا سگا معلوم ہوتا ہے۔ ایسی نامعقول سے بار بار گیند پھکوائی جا رہی ہے اور اور پھر جب وہی نامعقول بولر کوئی وکٹ لے لیتا تو غصے کا دھارا بیٹس مین کی جانب مڑ جاتا اس کم بخت نے تو کرکٹ کے بجائے گلی ڈنڈا کھیلنا چاہیے۔ مفت میں باپ دادا کی ناک کٹوا رہا ہے وغیرہ وغیرہ"۔ اور پھر عام تبصروں اور تنقیدوں کی تو کوئی حد اور انتہا ہی تھی۔ فلاں کھلاڑی بڑا بیٹس مین بن کر آیا ہے، لیکن گگلی سے اس کی نانی مرتی ہے۔ فلاں بولر گیند کیا پھینکتا ہے بھاوڑا چلاتا ہے۔ فلاں کھلاڑی میں یہ عیب ہے اور فلاں کھلاڑی میں وہ نقص۔ ان کے ساتھ سننے میں یہی معلوم ہوتا ہے کہ کسی کرکٹ میچ کی کمنٹری نہیں، بلکہ کھیلنے والوں کی پوسٹ مارٹم رپورٹ سن رہے ہیں۔ اور اگر چھکا صاحب کا بس چلتا تو وہ ان کھلاڑیوں کو کرکٹ کھیلنے کی اجازت دینے کے بجائے منہ کالا اور گدھے پر سوار کرکے شہر بدر کیے بغیر ہرگز دم نہ لیتے۔

اور اگر شامت اعمال سے چھکا صاحب کے ساتھ کوئی میچ دیکھنے کا اتفاق ہو جاتا تو بس قیامت ہی آجاتی۔ ان کی کڑی اور بال کی کھال نکالنے والی نکتہ چینی سے کھلاڑی تو کھلاڑی ایمپائر، گراؤنڈ مین، بلکہ سلکشن کمیٹی کے ممبران کو کالے پانی بھیج دینے کا جی چاہنے

لگتا۔ کرکٹ کے کھیل سے طبیعت ایسی بدمزہ ہو جاتی ہے کہ عہد کر لیتے کہ اب کافی عرصے تک یہ منحوس کھیل نہ دیکھیں گے اور نہ اس کے متعلق کچھ سننے کے روادار ہوں گے۔ اور خود چھکا صاحب کو دیکھ کر جو منہ بنا بنا کر اور ہاتھ چلا چلا کر بے تکان بولتے ہی چلے جاتے ہیں کچھ ایسی کیفیت طاری ہو جاتی ہے جیسے کوئی انتہائی دہشت ناک خواب دیکھ رہے ہوں جس میں بہت سی موٹر سائکلیں ایک ساتھ پھٹ پھٹ کرتی ہوئی ہمارے سرہانے کے گرد گھوم رہی ہوں۔

اکثر جب چھکا صاحب کی باتوں پر سننے والوں کی طبیعت زیادہ جل جاتی تو کوئی نہ کوئی ناعاقبت اندیش پوچھ ہی بیٹھتا "اور حضرت خود آپ نے کرکٹ کے یہ سب گر کہاں اور کب سیکھے؟" اور اس رول پیں بولنگ پر چھکا صاحب خوش ہو کر فوراً بے تحاشا چوکے پر چھکا اور چھکے پر چھکا سر کرنے لگتے "اجی میں اپنے مڈل اسکول میں کپتان تھا۔ اور جب میں ہائی اسکول میں تھا تو میں نے اسکول کی تاریخ میں پہلی مرتبہ تابڑ توڑ دو سنچریاں بنائی تھیں۔ اور جب میں کالج میں تھا تو میں نے صرف الٹے ہاتھ سے نو کیچ کیے تھے۔ اور جب میں یونیورسٹی میں تھا تو ایک مرتبہ پہلی اننگس میں میں نے دو سو گیارہ رن؛ ناٹ آؤٹ اور دوسری اننگس میں ایک اوور میں پانچ وکٹ لیے تھے۔ اور ایک ٹورنامنٹ میں ...." وغیرہ وغیرہ اور چھکا صاحب کی یلغاروں اور فتوحات کا یہ سلسلہ اس قدر طویل اور صبر آزما ہوتا کہ ان کا ہر مخاطب چاروناچار یہ باور کرنے پر مجبور ہو جاتا کہ اگر دنیا کی تمام ٹیمیں بیک وقت چھکا صاحب سے زور آزمائی کی جرأت کریں اور وہ ان کے مقابلے میں صرف تن تنہا چلے جائیں تب بھی یقیناً میدان انھیں کے ہاتھ رہے گا۔ اور غالباً اسی وجہ سے وہ غریب کسی ٹیم میں کھلائے نہیں جاتے ہیں کہ ان کی صورت ہی دیکھتے مقابل ٹیم دم دبا کر بھاگ جائے گی اور تماشائیوں کا سارا مزہ کرکرا ہو کر رہ جائے گا۔

ایک روز مقامی اسکول کے لڑکوں میں ایک یوں ہی سا میچ ہو رہا تھا۔ اتفاق سے

گھومتے پھرتے جھکا صاحب بھی پہنچ گئے اور حسب عادت لگے کرکٹ کے متعلق اپنی لن ترانیاں چھانٹنے اور لڑکوں کو نصیحت اور فضیحت کرنے۔ یہ گیند یوں نہیں یوں پھینکنا چاہیے تھا۔ اور اس پر ایسے نہیں ایسے ہٹ لگانا چاہیے تھا۔ ایک لڑکا آؤٹ ہوا تو جھکا صاحب نے بڑی شفقت سے اُسے اپنے پاس بلایا اور کہا — "بھیا تمہارے آؤٹ ہونے کا تو مجھے ہرگز کوئی افسوس نہیں، کیونکہ تم کھیل ہی رہے تھے بالکل اناپ شناپ، البتہ اس بات کا ضرور ملال ہے کہ جس گیند پر تم آؤٹ ہوئے میچ بھر میں صرف وہی ایک ایسا گیند تھا جس پر بڑی آسانی سے قدم بڑھا کر کے ایک دھواں دھار چھکا لگایا جا سکتا تھا۔" لڑکا تو پھر لڑکا، آؤٹ ہونے سے یوں ہی جھنجلایا ہوا تھا، بُرا مان کر بول اُٹھا۔ "پیر و مرشد ذرا خود میدان میں آئیے تو آٹے دال کا بھاؤ معلوم ہو! دریا کے باہر تو سبھی تیراک ہوتے ہیں"۔ جھکا صاحب پر نہیں معلوم اس وقت کیا نحوست سوار تھی کہ بپھر گئے اور نہ دیکھا آؤ نہ دیکھا تاؤ کوٹ اتار کر فوراً تیار ہو گئے۔ اور لڑکے نے مخالف ٹیم کے کپتان سے اجازت لے کر مجمع کے پرجوش نعروں اور تالیوں کے درمیان بھجوا ہی تو دیا اُن کو وکیٹ پر۔

پہلا گیند آیا تو اُس کو روکنے کی کوشش میں اُس کے ساتھ جھکا صاحب اپنی بیٹ لئے وکٹ پر منھ بھڑا کر گر پڑے۔ ایمپائر نے کہا "آؤٹ" اور اپنی گرد جھاڑتے ہوئے جھکا صاحب لیٹے ہی لیٹے چیخے "ناٹ آؤٹ" تماشائیوں کا ارے ہنسی کے بُرا حال تھا اور سب نے جھکا صاحب کی ہاں میں ہاں ملائی "ناٹ آؤٹ" ایمپائر نے بھی پیٹ پکڑ کر قہقہہ لگاتے ہوئے اپنا فیصلہ بدل دیا۔

دوسرا گیند آیا تو جھکا صاحب قلابازی کھا کر وکٹ کے سامنے اکڑوں بیٹھ گئے اور گیند پوری قوت سے اُن کی کنپٹی پر لگتا ہوا وکٹ کیپر کے ہاتھ میں جا رُکا مختلف لوگ مختلف آوازیں لگا رہے تھے لیکن ایمپائر نے ہنستے ہوئے اپنا فیصلہ بدل دیا۔ "ایک دفعہ پھر ناٹ آؤٹ"۔

تیسرا گیند آیا تو چھکا صاحب نے آنکھ بند کر کے گھما ہی تو دی بیٹ۔ بیچ کا وکٹ اکھڑ کر دو گز دور جا گرا۔ لیکن چھکا صاحب کی بیٹ اُن کے ہاتھ سے چھوٹ کر ہوا میں پرواز کر رہی تھی اور کئی کھلاڑی اس کو کیچ کرنے کے لیے ہاتھ پھیلائے دوڑ رہے تھے۔ امپائر پھر چیخا "ناٹ آؤٹ" اور سارا مجمع ہنستے ہنستے اور تالیاں بجاتے بجاتے پاگل ہوا جا رہا تھا۔

چوتھا گیند واقعی بڑا خطرناک تھا۔ چھکا صاحب کی کھوپڑی محض اتفاق سے بچ گئی لیکن بیچارے کے تینوں وکٹ جاتے رہے۔ امپائر پھر چیخا — "اب بھی ناٹ آؤٹ"۔ لیکن چھکا صاحب خود فیلڈ سے بھاگتے ہوئے کرجے۔ "اب صاف آؤٹ ہو چکا ہوں، کیا میری کھوپڑی پھڑوائے گا۔؟" مجمع نے چھکا صاحب کا ایسا شاندار استقبال کیا کہ جیسے وہ واقعی دو سو گیارہ رن ناٹ آؤٹ بنا کر لوٹے ہوں۔ اس حادثے کے بعد سے چھکا صاحب کا نام لڑکوں نے صفر چچا کر دیا ہے۔ اب انھیں کرکیٹ سے متعلق کوئی دلچسپی باقی نہیں رہی ہے۔ ایک گھر کے بھیدی نے اطلاع دی ہے کہ وہ آج کل نقاد بن کر شاعروں اور ادیبوں کی پگڑیاں اُچھالنے کی کوشش کر رہے ہیں۔ یہ میدان کرکیٹ کے میدان سے کہیں زیادہ وسیع اور عبرت انگیز ہے۔

ضرورت ایک مکان کی

ضرورت تھی ایک مکان کی بلکہ صرف ایک کمرے کی لیکن وہ گولر کا پھول ہو کر رہ گیا تھا۔ اس سلسلے میں عزیزداروں اور دوستوں کو غیرت اور عبرت دلائی تو تھوڑی سی ہمدردی کے بعد کسی نے حاتم طائی بن کر کوشش کرنے کا وعدہ کر لیا اور کسی نے محمد بن تغلق بن کر مکان حاصل کرنے کی کوئی انوکھی ترکیب سمجھا دی۔ کوئی زیادہ مخلص نکلا تو اس نے صبر کرنے کی تلقین کر دی۔ لیکن ان سب نیک خواہشات کا نتیجہ صفر بلکہ نفی نکلا یعنی ہم لامکان سے مکان تک نہیں پہنچ سکے۔ رفتہ رفتہ ضرورت اور مایوسی اس حد تک پہونچ گئی کہ کسی صاف ستھرے مکان کا تو ذکر ہی کیا کوئی اچھا تنا ور اور گھنا درخت بھی آنکھوں کے سامنے آجاتا تو ہم اس کو بھی بُری نیت سے دیکھنے لگتے۔

سہارے ٹوٹ چکے تو ایک روز ہم خود ہی کچھ پتے دریافت کر کے مکان کی تلاش میں اپنے اس باڑے سے نکلے جس میں ہمارے اور ہمارے جیسے تین انسانوں کے علاوہ چار بکریاں، دو کتے ایک پنشن یافتہ رکشا اور بہت سے چمگادڑ ، ابابیلیں اور بے شمار حشرات الارض پناہ گزیں تھے۔

سب سے پہلے جس ڈیوڑھی پر پہونچے وہ بھول بھلیاں بنانے کی ادھوری کوشش تھی

مکان کے مختلف کونوں اور گوشوں پر صدائیں دیتے دیتے ہماری آواز بیٹھ چکی تو ایک کھڑکی سے کھودا پہاڑ نکلا چوہا کے مصداق ایک صاحبزادے برآمد ہوئے کہنے لگے "میاں پوچھتے ہیں کہ کیا آپ تحصیل کے چپراسی ہیں" ہم نے جواب دیا "نہیں" صاحبزادے پھر غائب ہو گئے اور غالباً کنکوے کا ایک پیچ لڑانے کے بعد پھر نمودار ہوئے "آپ کیا بیچتے ہیں؟ ہم نے عرض کیا" میں کرایہ پر مکان لینے آیا ہوں" صاحبزادے پھر غروب اور طلوع ہوئے "میاں کہہ رہے ہیں کہ وہ اس وقت تو سو رہے ہیں آپ آٹھ روز بعد پھر آئیے گا۔

بڑی کوفت ہوئی لیکن دل کو یہ سمجھا کر تسلی دے لی کہ خیر میاں آٹھ ہی روز بعد بیدار ہوں گے اگر وہ ابدی نیند سو جانے کی ٹھان بیٹھتے تب بھی ہم ان کا کیا بگاڑ سکتے۔

دوسرے مکان پر ہانک لگائی تو ایک محترمہ دروازے تک تشریف لے آئیں اور ایک پٹ کی آڑ سے ہمارے حسب نسب، ذریعہ معاش اور عادات و خصائل کے متعلق بھرپور معلومات حاصل کر لینے کے بعد بڑی شفقت سے پوچھ بیٹھیں "کیا آپ گانا جانتے ہیں؟" ہم نے نہایت پرہیزگار بنتے ہوئے حاشیہ آرائی سے جواب دیا "جی نہیں! جب سے ہمارے رشتے کے ایک ماموں گاتے گاتے اس جہان فانی سے کوچ کر گئے تھے۔ ہمارے خاندان میں گانا بجانا سخت معیوب سمجھا جاتا ہے" محترمہ کے لہجے میں کچھ بدمزگی آگئی غالباً ماموں کی بے موقع موت پر" تو آپ شادی شدہ ہوں گے!" انھوں نے پوچھا۔ ہم نے اپنا اعتبار جمانے کے لئے پھر جھوٹ بولا "جی ہاں! کئی بچے بھی ہیں" محترمہ نے یہ کہتے ہوئے "تو صاحب ہمارے یہاں تو آپ کے لیے کوئی جگہ خالی نہیں" بڑے زور سے دروازے کا دوسرا پٹ بھی بند کر دیا اور ہم اپنی پارسائی کا ماتم کرتے ہوئے مجبوراً آگے چل پڑے۔

دو تین اور جگہوں پر جا کر قسمت آزمائی کی تو کہیں مالک مکان غائب تھے اور کہیں سرے سے مکان ہی۔ ایک جگہ پہونچے تو ایک صاحب بغل میں بیاض دابے ہوئے مل گئے۔ اور جب ان کی ایک درجن غزلیں سن لینے اور ان کو داد دیتے دیتے بدحواس ہو جانے

کے بعد پتہ چلا کہ وہ مالک مکان نہیں بلکہ ہماری ہی طرح مکان کے متلاشی صرف ایک شاعر ہیں تو کچھ ایسی ناخوشگوار صورتِ حال پیدا ہو گئی کہ شور و غل سن کر گھر میں چھپے ہوئے مالک مکان کو بھی باہر نکلنا پڑا اور نہ صرف انھوں نے ہمیں اور شاعر صاحب کو مکان سے فوراً نکال دیا بلکہ قرب و جوار کے لڑکے شور کرتے اور تالیاں پیٹتے محلے کے آخری حدود تک بھیج بھی گئے۔ اور اس طرح جیتے جی اپنا جلوس نکلتے دیکھنے کی بھی حسرت پوری ہو گئی۔

آگے بڑھ کر ایک بر دکھے میں آواز لگائی۔ جواب نہیں ملا۔ تو آواز بلند سے بلند تر کرتے چلے گئے۔ دفعتاً ایک گرجدار ڈپٹ سنائی دی "اجی آپ بانگ پر بانگ دے کر بر دکھے کی چھت کیوں اُڑائے دے رہے ہیں۔ میں تو یہاں درخت کے نیچے بیٹھا خضاب لگا رہا ہوں۔"

خفیف ہو کر واپس صحن میں آئے تو واقعی ایک بزرگ درخت کے نیچے بیٹھے اپنی اچھی بھلی سفید داڑھی کو سیاہ فرما رہے تھے۔ خضاب کے برش کی جنبش کے ساتھ وہ آئینے کے سامنے اپنا منہ بھی کچھ ایسا بناتے جاتے کہ ہم یہ سوچنے پر مجبور ہو گئے کہ ان کی صحیح جگہ درخت کے نیچے نہیں بلکہ درخت کے اوپر ہونی چاہیے تھی۔ ہماری کچھ ڈھارس بھی بندھی کہ جب یہ بزرگ اپنا مکان نہ ہونے پر اس قدر اُدھار کھائے بیٹھے ہیں کہ ان غریب کو خود صرف ایک درخت کے نیچے پناہ مل سکی ہے تو وہ یقیناً ہمیں بھی محروم نہ رکھیں گے۔

ہم نے مودبانہ سلام کیا تو برش کے اشارے سے جواب دیتے ہوئے بولے "کیا آپ بھی کوئی امیدوار ہیں اور مجھے یہ پٹی پڑھانے تشریف لائے ہیں کہ میں آپ کو اپنا قیمتی ووٹ دے کر ثواب دارین حاصل کروں۔ ابھی ابھی ایک امیدوار صاحب لقا کبوتر نے میرے تخت کے چاروں طرف قلابازیاں کھا رہے تھے لیکن میں نے بھی جو ایک "نہیں" پکڑی تو پھر ٹس سے مس نہ ہوا۔ آخر میں نڈھال ہو کر میرے خالو کے پھوپھا زاد بھائی کو اپنی سفارش میں لانے کی دھمکی دیتے ہوئے اپنا سا منہ لے کر چلے گئے۔"

ہم نے اطمینان دلایا کہ ہم ووٹ نہیں بلکہ صرف ایک، کمرے کے امیدوار ہیں۔ اپنے برش کی کچھ سیاہی ہم پر چھڑکتے ہوئے بولے "دیکھئے وہ سامنے ایک ہال خالی ہے لیکن کرایہ پچاس روپیہ ماہوار پیشگی سے ایک حبہ بھی کم نہ ہوگا ہم نے ہال دیکھا تو بے حال ہو کر اُسے ناغول پایا۔ انتہائی تنگ و تاریک جگہ میں کچھ گرتی پڑتی ہوئی دھنیاں اپنی زندگی کے آخری دن پوری کر رہی تھیں ایک طرف بھینس کی ناند دیوار سے لگی ہوئی تھی اور پاس ہی اس کے لوازمات بکھرے پڑے تھے۔

ہم جنے کھنے درخت کے نیچے واپس پہونچے تو چمکارتے ہوئے بولے "دیکھئے جگہ کافی ہے میری بھینس کی وجہ سے آپ کی تنہائی بڑی حد تک دور ہو جائے گی" اور پھر چونک کر اور خضاب کا برش مونچھوں کے بجائے اپنی ناک کی پھنگی پر پھیرتے ہوئے بولے "آپ کو بھینس کا دودھ پینے کا شوق تو نہیں ؟"

ہم چوری کے اس قبل از وقت الزام سے بھنّا ہی تو گئے۔ مالک مکان نے ہمارے جواب کا انتظار کیے بغیر دوسرا سوال جڑ دیا "آپ کو شعر و شاعری میں کچھ دخل ہے ؟"

محترمہ سے ملاقات کا تلخ تجربہ ہمیں ابھی بھولا نہیں تھا ہم نے عرض کیا" جی ہاں تھوڑا بہت گا بجا لیتا ہوں۔"

"آپ شادی شدہ ہیں ؟" انھوں نے ایک نیا سوال داغا۔

"ایک دم غیر شادی شدہ! بلکہ شادی کرنے کا ارادہ بھی نہیں ہے۔"

خضاب کا برش مالک مکان کے داہنے گال سے پھسلتا ان کے ماتھے پر جا لگا "آپ نے میرے مکان کو کوئی بھٹیار خانہ سمجھ رکھا ہے ؟ میں بال بچے والا انسان ہوں اور شکر ہے کہ تھوڑی بہت عزت اور غیرت بھی رکھتا ہوں میں آپ کے ایسے سیلانی کو اپنا کرایہ دار ہرگز ہرگز نہیں بنا سکتا۔"

"میں خود اس ناغول میں دفن ہو کر آپ کی بھینس کا دودھ نہیں پینا چاہتا" کہہ کر ہم بھی بھاگ کھڑے ہوئے۔

اب ہمارے پاس ایک اور صرف ایک پتا باقی تھا آخری مالک مکان کے حضور میں پہونچ کر عرض کیا "سنا ہے کہ آپ کے مکان میں کوئی کمرا خالی ہے۔"

"جی کمرا!" انھوں نے چونک کر اور اپنی ایک مونچھ کو مروڑتے ہوئے پوچھا "آپ کو چقندر پسند ہے؟"

"جی چقندر" ہم گھبرائے۔

"جی ہاں چقندر! آپ چقندر کھاتے ہیں؟" انھوں نے اپنی دوسری مونچھ مروڑنے بلکہ اکھاڑنے کی کوشش کی۔

ہم نے زندگی میں آج تک کبھی چقندر کی اتنی اہمیت نہیں سمجھی تھی بہرحال مالک مکان کی "چقندریت" دیکھتے ہوئے ہم نے بڑی وارفتگی سے اعلان کر دیا کہ "اجی چقندر پر تو ہم جی جان سے مٹے ہوئے ہیں اور بغیر اس کے تو زندہ ہی نہیں رہ سکتے۔" فرطِ مسرت سے اپنی دونوں مونچھیں اپنے دونوں ہاتھوں سے اکھاڑتے ہوئے بولے "آپ کو چقندر کے متعلق کوئی شعر یاد ہے؟"

"جی صرف ایک شعر یاد ہے۔"

"فرمائیے۔ فرمائیے۔ بس زیادہ نہ ترسائیے۔" وہ چیخے

"لال منھ ہو گیا غصے میں نہ کھانا کھایا   سُنا مرزا نے کہ پکے ہیں چقندر خالی"

پڑھنے کو تو ہم نے یہ شعر پڑھ دیا لیکن اس کی بھی تیاری کر لی کہ اب یہاں سے فوراً بھاگنا پڑے گا لیکن خلاف توقع مالک مکان دوڑ کر ہم سے چمٹ گئے اور ان کی ایک مونچھ ہمارے کان میں گھستے گھستے بچی۔

"دیکھا آپ نے مرزا نے کھانا نہیں کھایا لیکن چقندر کی پوری پلیٹ خالی کر دی۔"

ہم مرزا کی عافیت بینی اور مالک مکان کی سخن فہمی پر اپنا سر دُھنتے اور بال نوچتے رہ گئے۔ ہمیں کمرا مل گیا اور اب ہم دونوں وقت چقندر کھاتے ہیں اور منہ کا مزا بدلنے کے لیے رات میں "یا چقندر۔ واہ چقندر" کے نعرے بھی لگا لیتے ہیں۔

دورِ حاضر کے مزاح نگاروں میں وجاہت علی سندیلوی ایک ممتاز اور منفرد حیثیت کے مالک ہیں۔ اُنکے اسلوب نگارش میں بلا کی شوخی اور بے ساختگی پائی جاتی ہے۔ اُنکے کردار اور پلاٹ، ندرتِ فکر اور نشاطِ تصوّر کے بڑے دل آویز نمونے ہوتے ہیں۔ وہ ہنسانے کی کوشش نہیں کرتے، بلکہ اُن کی باتوں پر خود بخود ہنسی آجاتی ہے۔

وجاہت علی سندیلوی صرف لطیفہ بازی یا محض الفاظ کی بازی گری کے قائل نہیں۔ اپنے طنز اور مزاح سے وہ جو سُرور پیدا کرتے ہیں اُس میں ایک شعور بھی ہوتا ہے، جو ہنسانے کے ساتھ ہی کچھ سوچنے پر بھی مجبور کرتا ہے۔

منتخب مزاحیہ مضامین کا ایک اور مجموعہ

عشق اور بھوک

مصنف : وجاہت علی سندیلوی

بین الاقوامی ایڈیشن جلد منظر عام پر آرہا ہے